ホリスティック医学の生みの親

# エドガー・ケイシー療法のすべて

*All About Edgar Cayce Remedies*

# はしがき

本シリーズは、「エドガー・ケイシー療法」という名で知られる治療体系を、さまざまな疾病カテゴリーごとに6冊にまとめて提供するものであります。

日本でもエドガー・ケイシー療法に関して出版された書籍は20冊近くに及び、健康雑誌でも取り上げられるなど、その有効性が徐々に認知されるようになりました。日常の健康法としてエドガー・ケイシー療法を取り入れている人々も着実に増えてまいりました。

そのような中で、本シリーズは、健康法としての域を一歩踏み出して、現代医学がいまだに有効な治療法を見出していないさまざまな疾病について、エドガー・ケイシー療法では原因をどのように捉え、またそれに対してどのように取り組むのか、実際に実行する上で必要になるであろうさまざまな情報とともに提供いたします。

それぞれの疾病ごとに、守るべき食事法、入手すべき治療器具や材料、具体的な治療法とその施術手順など、特に家庭で実行する上で必要となるノウハウをできるだけ盛り込むように心がけました。しかも、これらのノウハウは、エドガー・ケイシー療法を実行することですばらしい成果を得られた人々の実体験から得られたものであり、決して理屈や推論によるものではありません。それだけに、本シリーズで紹介するさまざまな方法は、多くの方々にとって実行しやすく、優れた効果を発揮してくれるものと信じております。

本シリーズは、もともとヒカルランドで行われた全10回の連続講座『エドガー・ケイシー療法のすべて』がベースになっております。そのため、全体的な文体がややくだけた口語調になっております。特に、講座の中で設けた質疑応答のセッションについては、皆さまの参考になると思われるものを、そのまま収録してみました。会場でのやりとりの雰囲気を楽しみながら読んでいただければ幸いです。

本シリーズの中でも、ケイシー療法で使用する特殊な器具・装置については、できるだけ写真や図を示すようにしておりますが、やはりそれだけでは不明な点もあるかもしれません。宣伝めいて恐縮ですが、もとになる連続講座では多くの治療器具の実物を紹介しております。文章や写真だけではわかりにくいような場合は、これら連続講座のＤＶＤを利用していただければ幸甚です。

私自身、40年近くエドガー・ケイシー療法を実践し、たくさんの恩恵をいただいてまいりました。エドガー・ケイシーのもたらした情報が皆さまの人生にとってとても豊かな祝福となりますことを心より願っております。

ＮＰＯ法人日本エドガー・ケイシーセンター

会長　光田　秀

免責事項

本書で紹介するケイシー療法は、エドガー・ケイシーが各依頼者に対して与えた情報をもとにまとめたものであり、いかなる効果をも保証するものではありません。本書で紹介する方法のいずれかを実行しようとする場合は、各自の責任と判断のもとで行ってください。特に、妊娠中の方や持病のある方は、必ず医師あるいはしかるべき資格を有する医療従事者と相談の上で行ってください。万一体調に異変を感じた場合はすぐに中止し、医師の診察を受けてください。

本書で紹介する方法を実施したことで生じるいかなるトラブルに対しても、著者ならびに発行元であるヒカルランドは一切の責任を負いかねることをご了承ください。

ホリスティック医学の生みの親
# エドガー・ケイシー療法のすべて 4

Contents

## ■統合失調症

■認知症 ―― 82

第2部

# ケイシー療法と神経疾患Ⅱ（パーキンソン、ALS、筋ジストロフィー、多発性硬化症など）

第3部

# ケイシー療法と精神疾患（うつ病、自閉症、学習障害、不安神経症など）

本書は２０１７年に行われた、ヒカルランドパーク5周年の記念イベント、「エドガー・ケイシー療法のすべて　第5回エドガー・ケイシー療法と神経疾患Ⅰ（認知症、てんかん、統合失調症など）」（４月13日）、同「第6回エドガー・ケイシー療法と神経疾患Ⅱ（ＡＬＳ、パーキンソン、筋ジス、多発性硬化症など）」（４月20日）および「第7回エドガー・ケイシー療法と精神疾患（うつ病、自閉症、学習障害、不安症など）」（４月27日）の講演内容をまとめたものです。

カバー・本文デザイン　takaokadesign
校正　麦秋アートセンター
表紙・目次背景と本文中の英文文字
エドガー・ケイシーの手紙より抜粋
本文仮名書体　蒼穹仮名（キャップス）

第 1 部

# ケイシー療法と神経疾患 I

（認知症、てんかん、統合失調症など）

## ■ケイシー療法による神経・精神疾患へのアプローチ

本書（第4巻）では、神経疾患ならびに精神疾病に対するケイシー療法を説明いたします。

順序として、神経疾患の中でも、比較的治療効果の早い、てんかん、統合失調症、認知症をまず第1部で取り上げ、神経疾患に対するケイシー療法の基本的な考え方とアプローチの仕方を説明致します。その後の第2部で、総合的な治療を要する神経疾患として、パーキンソン、多発性硬化症、ALS、筋ジストロフィーなどを取り上げます。最後に第3部、うつ病や自閉症、不安神経症、パニック障害などの精神疾患を取り上げます。その他の神経疾患・精神疾患については、質疑応答という形でお答えしたいと思います。

これまでのケイシー療法は、例えば高血圧の人にひまし油パックをすれば、迅速に効果が出るというふうに、かなり治療と症状が直結しており、1対1に対応したのですが、これからお話しする神経疾患と精神疾患は、幾つかの要素を組み合わせて、徐々に効果を出していく必要があります。そういう意味で、複雑になってまいります。現代医学がこれらの疾患に、なかなか有効な成果を出せないのも、そのあたりに理由があると思います。

これまで肉体面からのアプローチについて多く語ってまいりましたが、これからは肉体だけのアプローチでは有効な成果が得られません。そこに精神的なアプローチ、場合によっては霊的なアプローチが必要になってまいります。エドガー・ケイシー療法がホリスティックと言われるゆえんは、ボディー、マインド、スピリットの3つの要素について、適切に意識を向けているというところにあります。

図で描いてみるとこんな感じです。

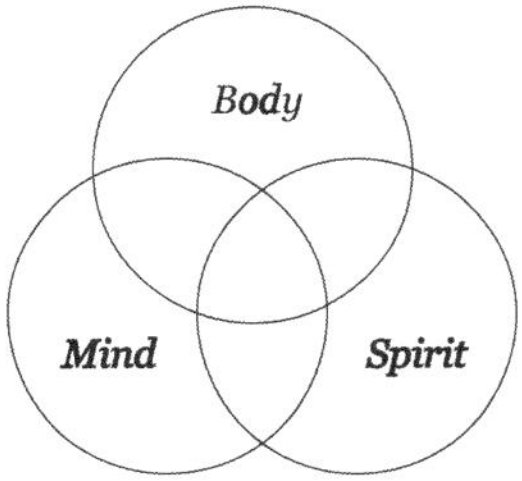

Body
Mind
Spirit

肉体と精神と霊が重なって、融合してできたところに我々がいる。肉体面のアプローチだけで治る人もいれば、肉体と精神のアプローチが必要な人もいます。あるいは、この3つを全て網羅しなければ治らない場合もあります。

肉体面だけのアプローチについては、皆さん、すでにケイシー療法の原理として了解していただいていることと思います。すなわち、CAREという原理です。CAREのCはCirculation、循環ということです。体液の循環、神経の循環です。AはAssimilation、同化・吸収ということで食事療法ですね。RはRestということで、休息、休眠。EはElimination、毒素排泄ということでした。

肉体面のアプローチを考えるときには、この4つの要素をまずは考える。しかし、それで不十分な場合には、心の状態を考える。そして心の状態だけでは不十分な場合には、今度は霊的なアプローチが必要になってくる。これから皆さんにお話しする神経系あるいは精神疾患というのは、肉体面だけのアプローチでは十分な成果が得られにくい疾患です。

# ■てんかん

## ◇ケイシーはてんかんの原因をどこに見出したか

それでは、まずてんかんについてお話しいたします。

てんかんの方を、皆さん見たことがありますか？　大発作を起こしている人は、体が硬直して、場合によっては全身が痙攣し、さらには白目をむく、泡を吹くということになります。私もこれまで数回目撃しました。怖いのは、てんかんを起こす人は、てんかんを起こした瞬間に、肉体のコントロールがまったく効かなくなることです。例えば、立った状態でてんかんの発作が起きると、そのままドーンと何ら防御態勢を取ることなく倒れます。

私の知っているてんかんの人が、あるとき顔に物すごいアザをつくってきました。どうしたんですかと聞くと、立っているときにてんかんの発作が起きて、テーブルの角で顔を打ったのだそうです。普通、顔面を打ちそうになると、体が自然に防衛反応を起こして、顔を腕でかばうなどの防御態勢をとるのですが、てんかんの場合は全くそういう態勢をとらずに、そのままの姿勢でドーンと倒れてしまいます。

もう1人、私の知り合いのお嬢さんにてんかんだった人がいます。この人の話はまた後ですると思いますが、てんかんの発作は、階段をおりている最中に起きるとそれは怖いそうです。そのまま前のめりにダーンと全く無防備に倒れる。

てんかんの方はよく、お風呂で亡くなるそうです。お風呂に入っている最中にてんかんの発作を起こすと、家族もわからないですから、そのまま沈んで、溺れて死んでしまう。

このように、てんかんというのは一旦起きると、そのまま意識を失ってしまう。幾つかレベルがあって、例えば、部分発作と言われるレベルで、ほんの数十秒間意識がなくなるという人もいれば、体のコントロールが一瞬きかなくなるというパターンの人もいます。

エドガー・ケイシーがてんかんの原因をどこに見出したか、これがとても重要です。現代医学は、脳の中の過剰な電気反応が原因だと主張します。脳の中に普通は一定量の電気信号が行き来するわけですが、てんかんの人は爆発的な電気信号が脳内で起こってしまう。それによって脳が機能停止を起こす。これがてんかんだと言われています。確かに最終的な症状はそうでしょうけれども、エドガー・ケイシーは、脳内で異常な電気信号が発生するには、他に原因があると主張します。

その原因とは何か。てんかんの人のリーディングを調べてみると、約１００人に２７０件のリーディングが与えられています。リーディングの件数としては非常に多くて、かなり具体的なことを我々は知ることができます。

それによると、一番大きく挙げられたのが背骨の圧迫です。背骨に不自然な圧迫があるがために、てんかんを起こしている。このケースが非常に多くて、１００人中48人がそれです。

その次が乳び管の癒着です。乳び管については後で詳しくお話しいたしますが、具体的にどこにあるかというと、小腸にあります。小腸の中の絨毛の中に乳び管と言われる部分があります。そこが癒着を起こす。すなわち、本来管（くだ）なので、あるものを流す状態になっているわけですが、それが流せない。言ってみれば、管が塞がった状態になっている。それによって起きるてんかんがある。

大きく分ければ、背骨のゆがみと乳び管の癒着、この2つに分けられます。

そして、これらを招いた原因がまたさらに幾つか考えられます。例えば、カルマであるとか、内分泌腺の異常、自律神経と中枢神経の不協調、それから、ほかの病気に比べればかなり率が高いのですが、憑依霊が原因になっている場合もあります。憑依霊になると、通常の医学では領域外というか、まともに扱ってもらえません。あとは、100人中3人だけでしたが、実際の脳の障害。例えば交通事故とかで脳に障害を受けたことがてんかんの原因になっている人もいないわけではない。感染とか消化器の原因、あとは食べ方の問題、こういったものが挙げられています。

でも、覚えておいていただきたいのは、てんかんの大きな原因は背骨のずれ、もしくは乳び管の癒着、この2つだということです。

| 指摘された主な原因 | 件数 |
| --- | --- |
| 背骨の圧迫（歪みや亜脱臼） | 48件 |
| 乳び管（の癒着） | 43件 |
| カルマ | 28（＋8）件 |
| 内分泌の異常 | 25件 |
| 中枢神経と自律細経の不協調 | 23件 |
| 憑依霊 | 5件 |
| 脳の障害 | 3件 |
| 感染 | 3件 |
| 消化器系 | 3件 |
| 食事の不適切 | 3件 |

リーディングが指摘するてんかんの原因

## ◇原因1：背骨のずれ

背骨のゆがみは具体的にどの辺が多いか。調べてみますと、一番多かったのは頸椎の1番で、これが16件です。頸椎の1番ということは、頭蓋骨と背骨の接点です。指でさわることはちょっとできないですけれども、指を差し入れると奥のほうに触れるのが頸椎の1番です。頭と脊椎の接合部分です。その次に多かったのは、頸椎の2番と尾骨のところです。頸椎の2番は、自分の指でさぐると、奥のほうに突起をさわれます。とにかく1番と2番ということは、頭と背骨のちょうど接合点、背骨の突端、上のほうです。ここにずれが生じている。あるいは頸椎の3番に原因があると言われた人もいますが、それは大分数が減ってきます。とにかく頭との接合点付近です。

そして反対側の、仙骨、尾骨のところも多いです。仙骨というのは骨盤の真ん中です。尾骨は、それこそ尻尾のところです。大抵の人は尾骨が3つくらいある。尾骨から神経がたくさん出るわけですが、そこに原因がある。

ということは、一番多いのは頭と背骨の接点のところ、それからもう1つは背骨の一番下です。背骨の両端に原因があるということです。てんかんが背骨のずれから生じている場合に、背骨のどこを見るかというと、頭のつけ根、それから尾骨、この2つを見る。言ってみれば、背骨を1つのケーブルだと思えば、ケーブルの両端に原因があると主張しているわけです。

| 頸椎1番 | 16件 |
|---|---|
| 2番 | 14件 |
| 3番 | 5件 |
| 仙骨 | 5件 |
| 尾骨 | 14件 |

てんかんにかかわる背骨の部位

さらに、どういう原因で頸椎の1番、2番、あるいは仙骨、尾骨に異常が生じたのか、その原因を調べてみると、1つには、お母さんが妊娠中にカルシウムが不足した。そのために骨の発育が不充分で、頸椎あるいは仙骨、尾骨にトラブルが生じた。もう1つは、分娩時になかなか子どもが出てこないので吸引した。頭をグイッと引っぱって、そのショックで頸椎を痛めてしまった。それから、分娩時に逆子だったケースです。逆子が後々てんかんを引き起こす、もしくは統合失調症になるというパターンは非常に多いです。

子どもが生まれた場合には、直ちに背骨に残っているであろうひずみを取るようなマッサージをしたほうがよいです。具体的には、ココアバターを使って、背骨にオイルをすり込む。これを生まれて数カ月くらいは、１日数回、５分でも10分でもよいのでやってあげる。そうすると、分娩時の背骨のひずみが早い段階で解消されます。

厄介なのは、逆子で生まれた影響がいつ出るかなんです。すぐ出る人もいますが、実はかなりの人が思春期を超えて出る。逆子が原因の症状が、思春期の終わり頃に出た場合は非常に厄介です。ちょっと治しづらくなります。手間がかかるというか、時間がかかることになります。

他には、高いところから落ちて尾骨を強打したことが原因になっているケースも意外に多いです。後でまたお話をすると思いますが、スケートをやっていて、尻餅をついて、それが原因でてんかんになる人もいれば統合失調症になる人もいます。それから、転んで尾骨を怪我したり、体育の時に急激な開脚運動をしたことがてんかんの原因になったと言われた人もいます。跳び箱だとか、器械体操とか、そういうのをさせられたときに、急激な開脚運動をして、それが尾骨に影響を及ぼすという形もあります。

ですから、我々がてんかんと聞いたときには、まず背骨に問題がないか、それも頸椎の上部、もしくは仙骨、尾骨を調べる。原因が特定されれば、的確な治療法を提案できる。仙骨、尾骨、あるいは頸椎を調整するだけで、劇的に治った人を私は何人か知っています。これが背骨のトラブルの場合です。

## ◇原因2：乳び管の癒着

もう1つの原因は、乳び管の癒着です。乳び管というのは、小腸の中の絨毛の中にある仕組みなんですが、皆さんも多分、中学校とか高校のときに生物もしくは保健体育で習ったはずです。我々が食べるものの3大栄養素である、糖質、たんぱく質、脂質のうち、糖質とアミノ酸は小腸の中に入ってくると、小腸の絨毛にある静脈から吸収されます。一方、脂質は静脈（血管）に入るわけではなくて、リンパ管に入ります。

十二指腸あるいは十二指腸に続く空腸のあたりにたくさんあります。この絨毛の横断面を示したものがこの図です。絨毛の中を毛細血管が通っていて、毛細血管に囲ま

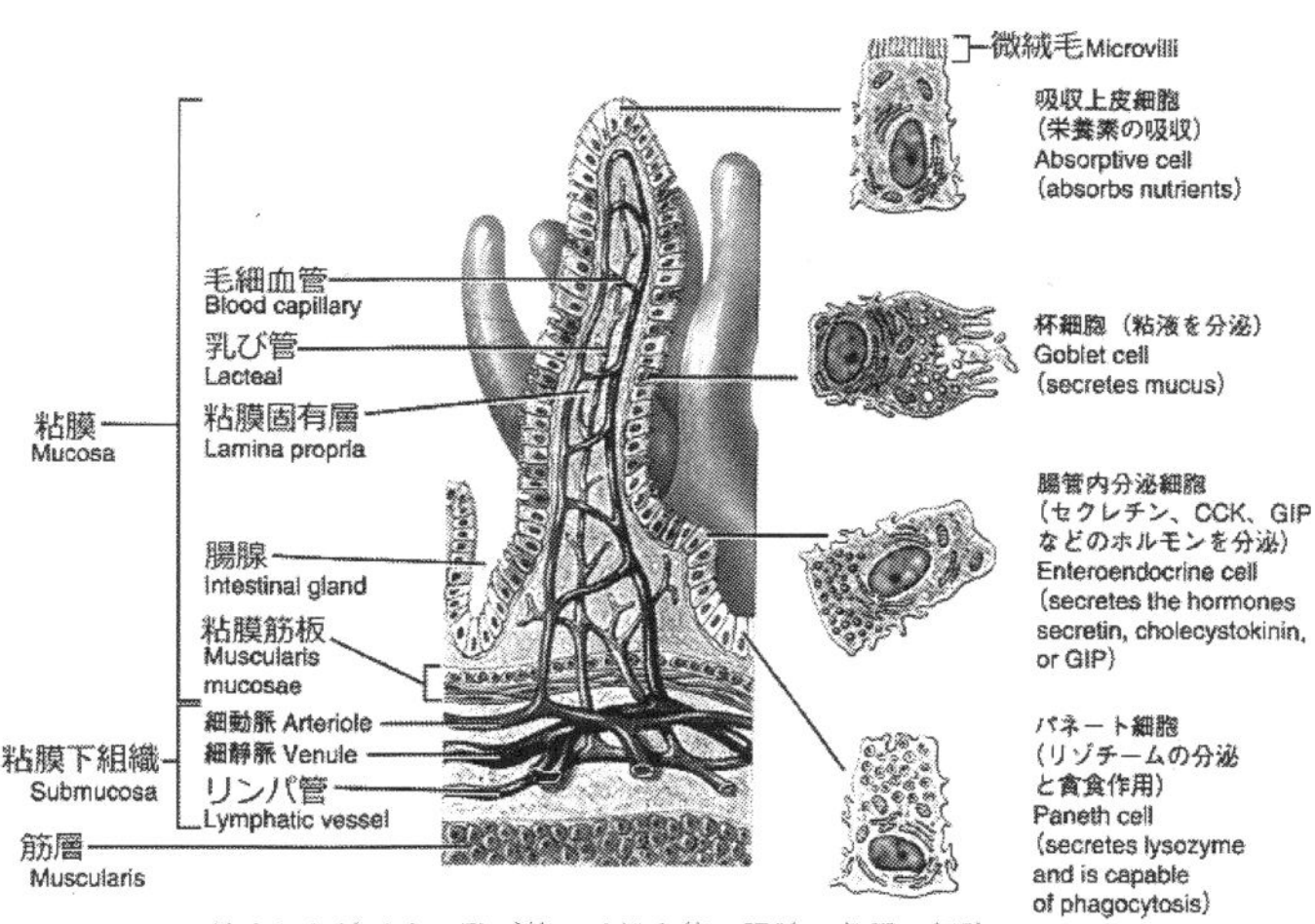

拡大した絨毛内の乳び管、毛細血管、腸腺、各種の細胞

れるように、リンパ管が通っています。この真ん中にあるリンパ管を乳び管と呼びます。リンパ管の一種ですが、絨毛の中にあるときには「乳び管」という名前で呼ばれます。

なぜ「乳び管」と言われるかというと、脂を吸収するために、そこの中に入っているものは白濁しています。ちょうど乳粥のように白濁しているので、「乳び」という名前がついているわけです。特に御飯を食べた後の動物のおなかを割いて、乳び管を開いてみると、白っぽい液がダラダラダラと出るそうです。空腹時は入ってないわけですが、御飯を食べると、特にそこに脂分がたくさんあるときには、それが乳び管の中に入ってくる。乳び管は最終的には中心で合流して、乳び槽というところに一度たまって、最後には静脈の中に入ってくるわけです。そして血流の中に完全にまざってしまうのですが、とりあえず吸収する段階では、分別して吸収される。すなわち、糖質とアミノ酸は静脈に入って運ばれ、脂質は乳び管の中に吸収されて、リンパ管を通して運ばれる。

　エドガー・ケイシーのリーディングによれば、乳び管が癒着をするとてんかんになる。すなわち、本来、管（くだ）でなければいけないのが、管が潰れてしまった状態です。この管が潰れる理由は幾つもあります。1つは、厳しい断食をして、しばらく御飯を食べてない。そうすると、リンパ管が癒着して、そのまま開かなくなってしまう。激しい断食をするときには、よほど注意しないと問題が生じることがあります。あと、意外なことに、例えばけんかをしていて、誰かに腹を殴られた。十二指腸のあたりを殴られて、そのショックで乳び管が癒着するというパターンもあります。実際にリーディングの中にあったのは、バスケットボールとかハンドボールのようなスポーツをしているときに腹部に強いボールを受けて、そのショックで乳び管が潰れて癒着したという人がいました。あるいは、不適切な食事が原因で乳び管が癒着するということもある。幾つかの原因で乳び管が癒着を起こすということです。

我々がてんかんと聞いたときに、まず考えるのは、背骨のずれではなかろうか、それから乳び管の癒着ではなかろうかということです。ありがたいことに、これらは比較的判別しやすい。乳び管の癒着が原因のてんかんの場合には、食事の時間と深い関係があります。食後、大体30分から１時間半くらいの間にてんかんの発作を起こす場合や決まって何か特定のものを食べた後にてんかんの発作が起きる場合には、乳び管の癒着が相当に疑われます。そして、それとは関係なく、例えば夜中だったり、食事の時間とは無関係な時間帯にてんかんの発作が起きる場合には、背骨のずれが考えられます。

## ◇原因3：カルマ・憑依霊

それ以外の幾つかの原因をお話しすると、1つには、てんかんは他の病気に比べれば、かなりの確率で前世からのカルマが大きく影響します。そういった意味でてんかんは、通常の肉体だけのアプローチでは治り切らないことが多いです。この場合、過去世からのカルマですから、霊的な視点で治療に取り組む必要があります。

例えば、39歳のある男性のケースでは、前世から持ち越してきたカルマが原因でてんかんを起こしていると言われました。そのために「あなたが日々に接するすべての人々との間に、平安と愛と親切と柔和と希望をつくり出すようになりなさい」といったアドバイスが出されました。こんなアドバイスで治るものかと疑っていると、実際治らないんです。でも、そのような気持ちで誠実に治療に取り組むと、それによって治癒する。ですから、霊的な視点を入れなければいけないことも多いです。

それから、先ほどもちょっと触れましたが、てんかんは他の疾病に比べて、憑依霊が原因になっていることが多いです。皆さん、憑依霊の話は大丈夫ですよね。霊魂を皆さんは認めていらっしゃると思います。霊魂を認める立場で考えると、霊魂の中にはまだ未浄化な霊もいるわけです。例えば、憎しみであるとか、恨みを残したまま亡くなる。そういった未浄化な霊がいる場合に、同じような想念を持っている人に取り憑くわけです。その状態が長く続くとてんかんになるのです。

エドガー・ケイシーは、それが憑依によるものか、憑依でないてんかんなのか、見分ける方法があると言います。見分け方は、発作が起きて倒れるときにその意識があるか、ないか。倒れるときに、「ああ、自分はてんかんで倒れるな」と瞬間でも意識できれば、それは普通のてんかんです。もしも全く理由なく、いきなり倒れて、目が覚めてから「あ、倒れたんだ」というような人は、憑依霊による可能性が高い。そういう人は、幾つか治し方があります。憑依している霊魂を除霊して離さなければいけないわけですが、そのやり方としてエドガー・ケイシーは３つくらいの治療法を述べています。

最もシンプルなのは、健康な人に、患者さんの腹部に左手を乗せてもらう。そして、患者さんの胸椎の９番あたりに右手を添えてもらう。ですから、患者さんを両手で挟み込むような形になります。下腹部に左手、そして胸椎の9番ということは、脊柱のほぼ真ん中ですが、肩甲骨のちょっと下あたりに右手を置く。挟んだ状態です。これは基本的には肌と肌が直接触れたほうがよいです。この状態で30分間、治療を施す側の人が、「この人が光に包まれますように。光で溢れますように。どうかこの人にたくさんの光を注いでください」と神に祈り求める。

そうすると、どういうことが起きるかというと、実際にそういうエネルギーが体の中に入り始め、未浄化霊はそれを嫌がるそうです。腹部と胸椎の9番を塞がれるということは、憑依霊の側からすれば息ができなくなる。苦しくなる。そうすると、苦し紛れにその人の体から出ていく。これを30分から45分行います。ただし、これは1回やったら終わりというものではないんです。1回で抜けますが、またすぐ戻ってくるので、基本的には最低でも4週間、約1カ月行う。そうすると、さしもの未浄化霊も嫌がって離れていく。その間に、本人は日ごろの考え方を修正する。同じような考え方のままで、誰かに対する憎しみとか怒りを持っていると、それがまた別の霊を引き寄せてしまう。あるいは、出ていった霊がまた戻ってくる可能性がありますから、そ

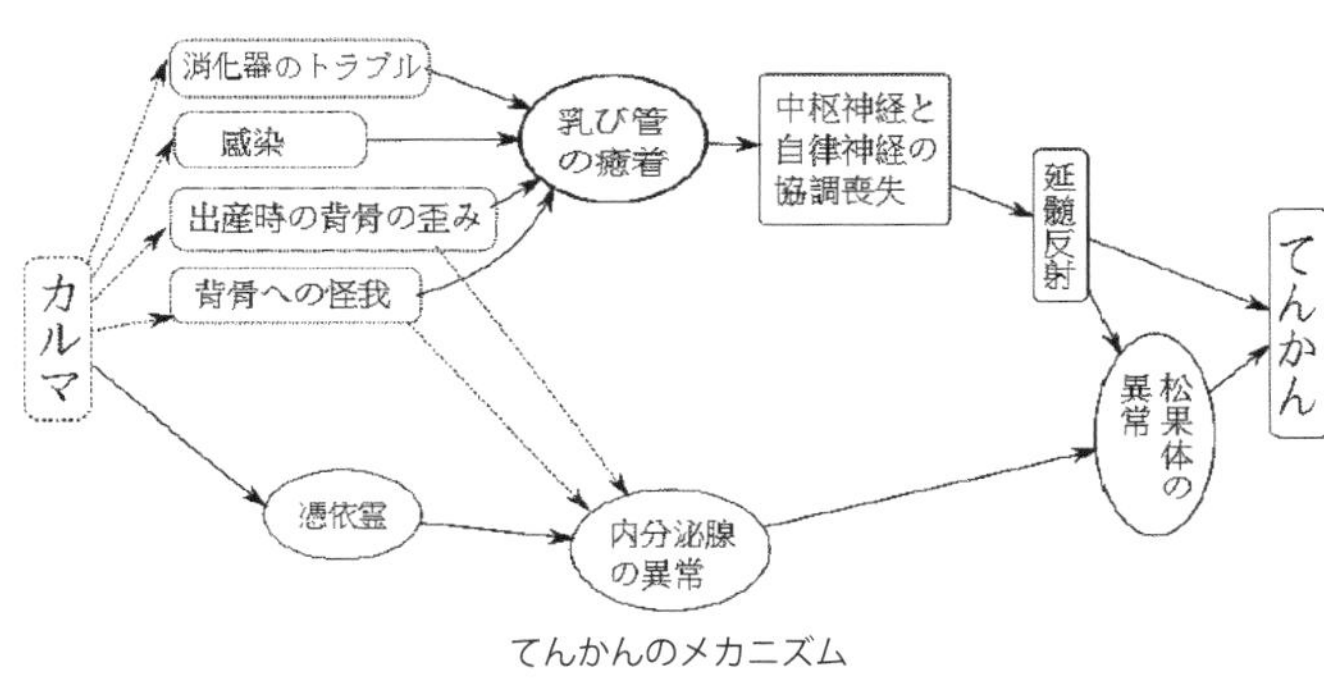

てんかんのメカニズム

の間に聖典を読むなり、心を高めるような修練を行うわけです。

## ◇てんかんの発症メカニズム

私は、てんかんのリーディングを調べた結果として、てんかんに至る発症のメカニズムを図にしました。それがこれです。

てんかんというのは最終的には脳の異常な働きになるわけです。脳の異常としては、松果体の異常、もしくは延髄（えんずい）の反射異常という形になります。乳び管の癒着が原因で中枢神経と自律神経のバランスが崩れ、それが延髄の反応をゆがめ、その延髄の反射が直接てんかんに結びつくこともあれば、松果体の異常を経由しててんかんになる場合もある。あるいは、内分泌腺の異常が松果体の異常を引き起こす。ただし、内分泌腺の異常を引き起こす幾つかの原因があって、憑依霊によるものもあれば、脊椎の怪我もあるし、出産時のショックもある。幾つかの原因があって内分泌腺が異常を起こすわけです。

それらの原因のさらに奥に何があるかというと、てんかんの約半数の人が、カルマだと言われました。カルマがあって出産時にショックを受ける。カルマがあって逆子になる。カルマがあって感染を受ける。カルマがあって松果体にトラブルが生じる。カルマのために脊椎に怪我をする。あるいは、カルマがあって憑依霊を招きやすい状態になる。

ケイシーは、カルマが原因の場合には、何歳でその病気を発症したかによって、かなり見分けがつくと主張します。7の倍数、7歳ごとにカルマは出やすくなる。一番出やすいのは0歳のときで、その次は7歳。あとは14歳、21歳、28歳、35歳。カルマに由来するてんかんの発症は42歳とか49歳くらいまでです。7の倍数でてんかんの発作、あるいはてんかんに限らず、難病を発症した場合は、単なる肉体のトラブルではなく、カルマが原因していることが多いと主張します。

ですから私も、ある人が14～15歳や21～22歳前後でてんかんの発作を起こしたと聞くと、これは場合によってカルマが原因かもしれないと考えます。とにかく7の倍数です。最初はゼロで、0歳、7歳、14歳、21歳、28歳、35歳くらいまでのうちにてんかんを起こすようになった場合には、前世からのカルマも想定しておく。

カルマではなく、たまたま背骨を打ったとか、消化器のトラブルが起きたとかというケースももちろんあります。

## ◇治療法１：脊柱の調整

次に、どうやっててんかんを治療するかですが、治療法として主なものは次のとおりです。

まず第一は、脊柱の調整です。先ほども、背骨のゆがみ、とりわけ頸椎の上部、それから仙骨、尾骨にひずみがあっててんかんを起こしている人が多いとお話ししました。そのためにまず考えられるのは背骨の調整です。お近くに腕のよい整骨の先生、オステオパスとかカイロプラクティックの先生がいたなら、一度みてもらうとよいです。背骨の調整は特に重要です。驚くべきことに、このタイプの人が普通にレントゲンを撮っても、医師からはどこにも問題はないと言われます。てんかんを起こしている背骨のゆがみは、ほとんどが亜脱臼と言われるレベルで、本人は痛みを自覚しません。本人には痛みがなくても、オステオパスの観点からするとずれているということが多々あります。てんかんとなれば、頸椎上部、仙骨、尾骨を中心に調整してもらいます。

5〜6年前になりますが、あるお母さんがケイシーセンターに来られました。相談事は、娘さんの重度のてんかんでした。小さいのも入れれば、1日に10回から20回くらいてんかんの発作を起こすということでした。大きい発作も1日に数回ある。階段でてんかんを起こそうものなら、そのままひっくり返るのでとても危ない。なので、階段の上がりおりはお母さんが付き添う。お風呂も当然、1人で入らせるわけにはいかないのでシャワーにしてもらう。どうしてもお風呂に入りたいと言えば、付き添って入らなければならない。そんな状態でした。

てんかん治療では日本で最も有名なK病院にも行かれたそうです。そこで薬物療法を勧められた。神経の異常な反応を抑える薬剤を飲むわけです。方法としては、てんかんの発作が一番起きやすい時間帯に薬の血中濃度が最高になるような飲み方をする。そういう方法で発作を抑えるわけです。ただし、薬は飲み続けることになります。てんかんの発作はある程度コントロールできるようになるけれど、生涯薬を飲み続けなければならない。しかもてんかんの発作が薬で抑えられるケースは7割くらいです。3割くらいは、薬でも抑えられない。そういう方々はさらに負担の大きな手術を勧められることになる。

彼女の場合は、とりあえず薬で抑えられていたそうですが、このままでは、就職などの際に、てんかんの持病があることを履歴書に書かなければならない。いろんな不利益を被ることになる。例えば、てんかんの人には運転免許が交付されません。

そのように、てんかんというのは非常にハンディがあるので、薬で抑えるのではなくて根本的な治療法を求めて、ケイシーセンターに来られたのです。

私はお嬢さんの様子を聞いて、これはほぼ間違いなく仙骨、尾骨の異常だなと思いました。なので、知り合いのオステオパスのところに行くようにお勧めしました。

驚くべきことに、最初の1回目の治療で劇的にてんかんが出なくなったそうです。1カ月後にお電話をいただきましたが、お母さんの報告では、「この1カ月で1回しか発作が起きていません。しかもとても軽い発作でした」と。

このケースは、てんかんという病気の原因の1つが、仙骨、尾骨の異常にあるというケイシーの主張を裏づけています。

仙骨と尾骨、そして頸椎上部からは、いわば神経の電気コードが数多く出ていますから、そこに異常があるということは、常にその異常が脳にフィードバックされているわけです。雑音がいつも入っている状態です。尾骨から、常に雑音が脳に上がってくる。そのうち脳が処理し切れなくなって爆発して、てんかんの発作を起こす。そういうわけで、仙骨、尾骨、あるいは頸椎上部にある雑音の発生源を治してしまえば、てんかんの発作は起きなくなる。ゆがみも本人が痛みを覚えないので素人では探しにくいですが、腕のよいオステオパスであれば適切な治療を施してくれますので、本来の状態に戻り、雑音が消えていきます。

てんかんについては、私がケイシーセンターから治療法のレポートを出しています。私の知り合いの北陸の整骨の先生の治療院に、私のレポートが到着した翌日、てんかんのご婦人が来られたそうです。このタイミングでてんかんの患者さんが来るということは、乳び管の癒着か背骨の異常だと当たりをつけたわけです。そして診察をした結果、背骨のゆがみが見つかったので、直ちに頸椎の上部と、仙骨、尾骨の治療を行ったそうです。来るときにはご主人に付き添われて来られたそうですが、１回の施術で、帰りにはシャキッとして戻っていかれたそうです。劇的な治癒だったと施術者本人も喜んでいました。このように、てんかんは、まず頸椎あるいは仙骨、尾骨のゆがみを調べることが重要です。

もし近くに腕のよい整骨の先生がいなければ、ちょっと時間はかかりますが、オイルマッサージでそれに近い効果を出すことができます。この場合、もちろん頸椎上部と、それから仙骨、尾骨を中心にオイルをすり込むわけです。そうすることによって、時間はちょっとかかるかもしれませんが、徐々に発作が軽減されていきます。

## ◇治療法2：ひまし油による乳び管のケア

次に、乳び管の癒着の場合、どうやって治すかというと、ケイシー療法ではひまし油パックを行います。ただし、ひまし油パック単独では十分な成果が出ないことが多いので、8割方は、ひまし油パックとオイルマッサージを組み合わせて行います。

ひまし油パック自体がオイルを使うわけですが、まずひまし油パックを右脇腹に施します。乳び管の癒着なので、基本的には十二指腸に対してひまし油パックを施します。この場合のひまし油パックは、かなり奥のほうまで浸透させなければならないので、通常よりも温度を高めにします。やけどをしない範囲で温度を上げて、なおかつ通常1時間のところを、1時間半から2時間くらいまで時間を延ばしてパックを行います。そうすると、乳び管の癒着が徐々に治ってきます。癒着ですから日数はかかりますが、ジワジワジワジワと癒着していたところが剝がれていくわけです。

そして、ひまし油パックが終わったなら、体に付着したオイルを拭き取り、直ちに、大人の場合はピーナッツオイルを使ったマッサージを行います。乳児の場合はココアバターを使います。少年少女の場合はオリーブオイルのほうがいいかもしれません。

マッサージをする場所は、ほとんど十二指腸に対して行います。十二指腸近辺にオイルをすり込んで、そしてさらに指を十二指腸のあたりまで差し入れて、深いマッサージを行います。あざができるほど強いのはよくないですが、少なくとも指先が十二指腸のそばに行くくらいまでグーッと入れて、そこでマッサージをします。

おなかの表面をマッサージするのではなく、言ってみれば、腸管をマッサージしようとするわけです。指をかなり深く入れて行います。

マッサージは約30分から1時間くらいやります。ですから、通常のひまし油パックよりもかなり時間がかかります。1時間半ほどひまし油パックを行い、その後でピーナッツオイルのマッサージを30分施すにしても、約2時間かかります。でも、これによって乳び管の癒着に起因するてんかんが治っていきます。

ひまし油パックが適用されるケースは、基本的に食後30分から1時間半後くらいの間にかなりの確率でてんかんを起こすような場合です。このような場合にはひまし油パックは非常に有望です。特にわかりやすいのは、脂っこいものを食べて、てんかんの発作が起きるとなると、かなりの確率で十二指腸の問題です。私が聞いたケースでは、なぜかラーメンを食べると、その後でてんかんの発作を起こす人がいました。これなどは典型的な乳び管の癒着です。このような人は、背骨の矯正も重要ですが、それ以上にひまし油パックとオイルマッサージが重要になります。

それから、神経を安定させるために、パッションフラワーの抽出液を飲むことも勧められます。パッションフラワーというのは、花が咲くと、雄しべと雌しべがちょうど時計の針のように見えるので、日本では「時計草」ともいいます。これを煮出してつくった抽出液を飲むわけですが、パッションフラワーの抽出液が効くのは35歳までです。35歳を超えたてんかんの患者さんに、パッションフラワーの抽出液が勧められたケースはありません。理由はわかりませんが、パッションフラワーの抽出液が有効な年齢は35歳までということなんだと私は理解しています。

霊性が問題でてんかんを起こしている場合には、霊性の浄化が必要になってきます。単に心の持ち方というよりも、さらに踏み込んで、信仰に近い精神状態です。ですから、てんかんを治そうと思ったならば、肉体的なアプローチ以外に、ある種、心理学的なアプローチが必要になる場合もあり、それで治らなければ、さらに宗教的な考え方を取り入れて治療に当たる必要があるということです。

てんかんの状態が長く続いてしまった場合、例えば、てんかんの発作を起こして５年も10年もたっているような場合には、普通にひまし油パックとか背骨の調整だけでは治りません。この場合は内分泌腺に影響が出ているので、内分泌腺を整える電気療法が必要になってきます。

その他に、整体の治療中に、治療師から暗示を施してもらうように指示されたケースが何件かあります。消化器系の問題の場合には、グライコサイモリンのパックを勧められるケースもありました。

このように、治療法として一番多いのは背骨の矯正、それからひまし油パック＆オイルマッサージということになります。てんかんと聞いたときに、我々がすぐに思い出す治療法はこの２つです。

## ◇てんかんの食事療法とパッションフラワー抽出液

てんかんの人の具体的な食事療法はどういうものかというと、これまでの食事療法とほとんど変わらないのですが、より力点が置かれているのは、消化しやすい食事を心がけることと、糖質の多いもの、甘いもの、お菓子類など、砂糖の多いものを避けることです。ジャガイモとかパン、うどん、白米というような、すぐ糖質に変わるものは極力減らします。そのかわりに消化しやすい酵素玄米とか五分づき玄米、全粒粉パンにする。それから、脂に反応しますから、豚肉とか揚げ物は食べない。生野菜の類をうんとふやす。そして、炭酸飲料、アルコールは基本的に禁止です。こういう食事療法にするわけです。

パッションフラワーの抽出液についてもう少し詳しくお話ししましょう。

皆さん、パッションフルーツはご存じですか。南国でよくとれる果物です。色と形はミカンみたいですが、ミカンよりちょっと細長いような感じで、味はほとんどミカンだと私には思えますが、ミカンよりは甘いです。

このパッションフルーツの実をつけるものがパッションフラワー（時計草）です。ただし、すべてのパッションフラワーが果実をつけるわけではなく、果実をつけるタイプと、食用に向く果実をつけないタイプのものがありますが、てんかん用には、どちらでもよいです。逆に言うと、パッションフルーツを食べても、それなりに効果があるそうです。てんかんの人がパッションフルーツを食べると、神経が沈静化されるとケイシーは主張します。

パッションフラワーの抽出液をつくる場合、パッションフラワーの花であろうと、実であろうと、茎、つる、葉であろうと、どこでも同じような成分がとれるそうです。これを乾燥させてもよいし、乾燥させなくてもよい。長期に使いたい場合、あるいは品質を一定に保ちたい場合には乾燥させますが、そうでなければ、とりあえず生のまま、ほどほどに小さく切って、煮出しやすくします。そして、がんのときにお話ししたオオバコローションと同じで、アルミとか錫（すず）などの金属鍋を使ってはいけません。基本的にはガラス製品もしくはホーロー鍋、あるいは土鍋を使って、刻んだパッションフラワーの倍くらいの水を加えて、その水が半分くらいになるまで煮出します。

そして、でき上がった抽出液にアルコールを加えます。最終的なアルコール濃度は5％を超えなければならないので、かなりアルコール度数の高いアルコールを使います。40％以上のもの、場合によって、皆さんご存じかどうかわかりませんが、「スピリタス」という95度くらいある強いウォッカを使うのもお勧めです。ちょっと高いですが、それを使えば少量で済みます。とにかく、最終的なアルコール濃度が最低でも5％を超えるようにします。5％を超えないと、保存料としての役割を果たさないので、大体5％から10％くらいになるようにアルコールを添加します。そうすると、長期保存可能なパッションフラワーのエキスができますので、これを必要に応じて飲む。子どもさんに飲ませる場合は、ハチミツなんかを入れてもよいでしょう、というのがエドガー・ケイシーの主張です。

「パッションフラワー」「時計草」というキーワードで検索しますと、すぐに画像なども出てきます。よかったら調べてみてください。

## ◇てんかんと過去生のカルマ

てんかんの原因が過去生から持ち越してきたカルマにある場合には、肉体上のアプローチだけでは不十分で、霊性の浄化が必須になります。この場合にどういうことをするかというと、ある意味、自分の治癒のプロセスを神に委ねます。「私は過去生で作ったカルマが原因でてんかんを患っています」と。そのことを自覚し、そして神にあれば、あらゆる組織を再生されることは可能だと、強い信仰心を持って、例えばひまし油パックをするときや、さまざまな治療を受けているときに、その意識に入りながら受けるようにする。そうすると、霊性が徐々に清められます。霊性が清まると――心の状態は直ちに内分泌腺に響きますから――分泌腺が働き出します。皆さんも体験があるように、腹が立てば副腎腺が動くし、美味しいものを想像しただけで唾液腺が動く。悲しくなれば涙腺が緩む。感動すれば胸が熱くなる。そのように、我々の心の状態と分泌腺は深くかかわっています。我々の心が神聖な目的、神に目覚めると、我々の分泌腺がそれに従って活動するようになります。

例えば、19歳の男の子は、「ひまし油パックをしているときは深い瞑想のときとしなさい。あなたの求めることが自分の体に成就しつつあることを知りつつ瞑想しなさい。実感しながら瞑想しなさい」と言われた。そうすると、それは単なるひまし油パックではなく、霊性を伴ったひまし油パックになって、驚くほどの成果を得ることができるのです。

## ◇ウェットセルによる内分泌系のケア

てんかんを放っておくと、最終的には内分泌腺を壊します。そのために、てんかんが長く続いているような場合には、電気療法を行って内分泌腺の働きを回復させます。具体的にはウェットセルという装置を使います。ウェットセルは後半（１４３ページ）で詳しく説明します。重度の神経系疾患ではウェットセルが必須になりますので、そこで詳しくお話しいたします。

ウェットセルという電気装置は、微弱な電流を発生させて、それを体に流すのですが、ウェットセル治療で効果を出すには４つの要素が必須です。ただ単に電気を流せばよいというわけではなくて、電気を流す前に、何週間か何カ月かかけて体を準備させなければいけない。どういうことかというと、例えば背骨が曲がっているような状態で電気療法をやると、回路がひずんでいるわけですから、電気がうまく流れません。それどころか、電気を流したことによって、かえって回路が余計に壊れてしまう。なので、電気療法を行うときには、筋骨格系が整っていることが前提になります。

それから、食事療法をきちんと行って、毒素排泄をしておかなければならない。電気療法を行うと、大量の毒素が出るようになりますから、そのためにあらかじめ体内の毒素を出しておいて、毒素が出てきても体が耐えられる状態にしておく必要があります。ですから、しばらくはオステオパシーで筋骨格系を整える。それから食事療法、毒素排泄法で体をきれいにしておく。その上で、電気療法を行います。

そして、電気療法は必ずオイルマッサージとペアで行います。結局手順としては、食事療法、心の状態を含めて心身を浄化しておく、そして電気療法を行い、最後にオイルマッサージを行う。この４つをきちんと実行することによって、ウェットセルという装置が効くようになります。

ウェットセルは、最初、効いているという自覚が全くないそうです。最初の2カ月くらいは、実行しても何も変化を感じない。しかし3カ月たったあたりから、ピクッと感じるようになる。これまた忍耐を必要とする治療法ですが、てんかんも長くなってしまった場合には、おそらくは内分泌腺に影響が出ているだろうということで、この電気療法を行います。

よろしゅうございますか。以上がてんかんの治療法ですが、何かご質問がありますか？

## ◇質疑応答

**質問者**　てんかんの場合に、よく遺伝的なものと言われる場合があるのですが、ケイシー先生の場合だと遺伝は関係ないんですか。

**光田**　ケイシーは、ほとんど遺伝は関係ないように扱います。たとえ遺伝があったとしても、その発症させる理由のほうが重要だと。我々が適切な心を持ち、正しい食事療法をやり、筋骨格系が整っていれば、遺伝があったとしてもてんかんは起きない。

**質問者**　そうすると、その子どもも起きないということですか。

**光田**　ええ、起きないです。てんかんのカップルが、私たちの子どもにてんかんがうつりますかと聞いたとき、それは気にする必要はないと言っていました。なので、それは気にしない。遺伝については、発症するかどうかは生き方による。その人の食生活であるとか生活習慣がてんかんを起こす。

**質問者**　外傷性のてんかんの場合も同じですよね。

**光田**　そうです。外傷の場合も治療の方法は基本的に同じです。ひまし油パックもしくは背骨の調整です。

## ■統合失調症

### ◇ケイシー療法にみる統合失調症の原因：背骨・内分泌腺・臓器・体内毒素・ストレス

次は、統合失調症です。日本人が統合失調症になるケースは１２０人に１人だそうです。全国民の生涯の発症率は０・９％ですから、そんなに珍しい病気ではないです。約１００人に１人は統合失調症という診断を受ける、あるいは入院するわけです。皆さんのご近所にも、何人かはおられるはずです。なかなか家の人が統合失調症を患う家族を外に出さないので、気がつかないかもしれません。

エドガー・ケイシーのリーディングを調べてみると、どこから統合失調症に入れるかは判定が難しいですが、我々の同僚で、アメリカでケイシー療法の中でも精神疾患をメインに研究しているデヴィッド・マクミランという研究者がいて、彼がリーディングを詳細に研究した結果、今日の医学的基準に照らせば、１４０人は統合失調症の範疇に入ると考えました。そして、それらのリーディングから、統合失調症の原因を次のように分類しました。

原因として最も頻繁に指摘されたのが「脊椎の障害」です。これが28％あります。現代医学では、統合失調症は、てんかんと同様に脳の病気だと考えられています。ところが、エドガー・ケイシーによると、脳にトラブルがあるケースは非常に少ない。では、どこに原因があるかというと、まずは背骨の障害。その次に多く指摘されたのが内分泌腺の障害で、26件あります。それ以外には、てんかんと同様に、憑依霊の影響。その他には精神的な障害、体内毒素、投薬の影響、妊娠、出産時の影響。そして数は少ないですが、カルマ、環境の影響。それから遺伝的な影響、ストレスと続きます。その他、どこに入れてよいかわからないような要因が12件ほどありました。

ですから、まずは背骨の異常の可能性が高いということです。また、背骨の異常が内分泌腺の障害を引き起こしているケースも相当に多いので、それらのケースまで含めれば、背骨の健康がとても重要なことになります。現代医学は脳を原因と考えてい

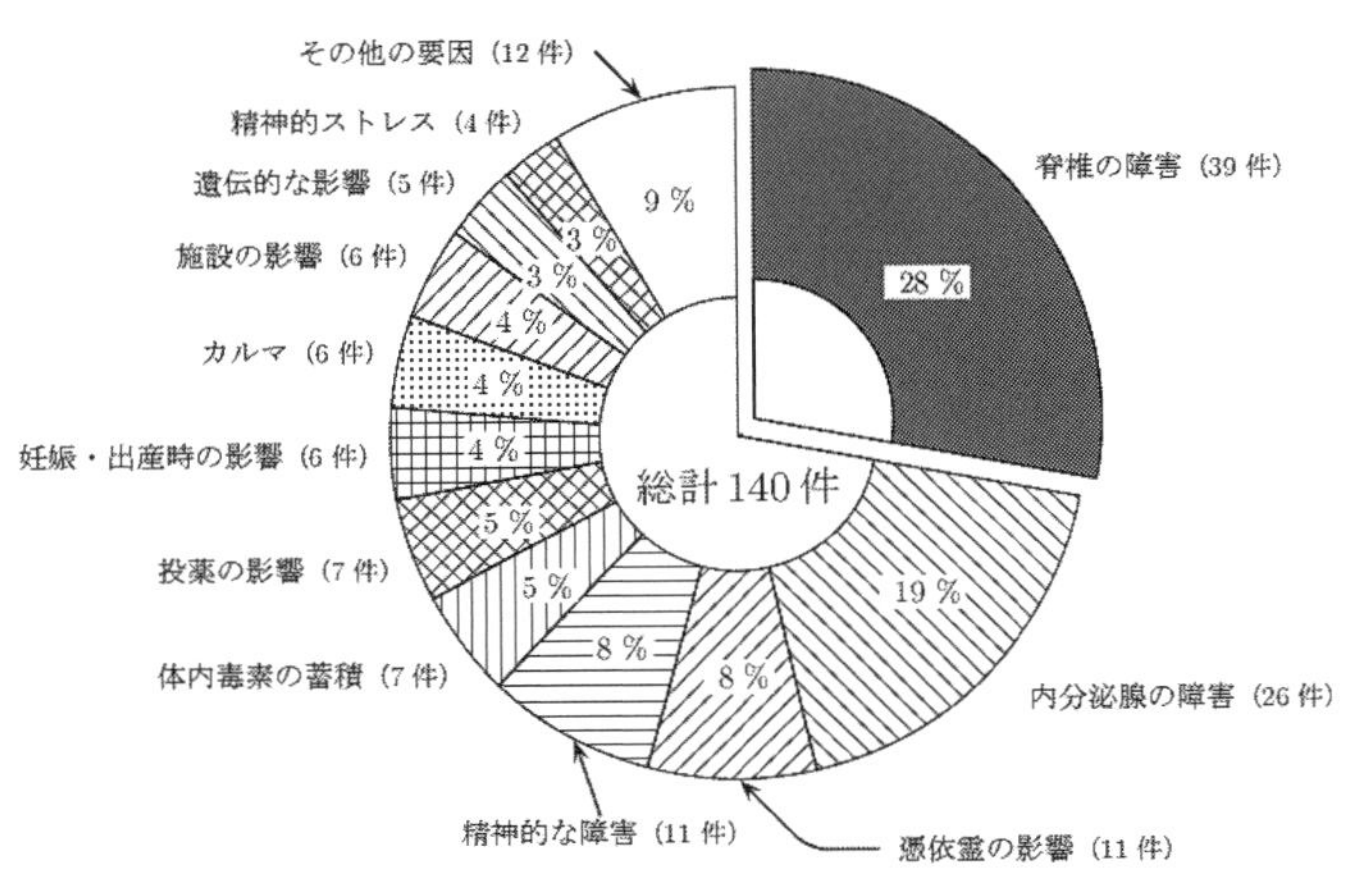


出典：David McMillin, (1991). *The Treatment Of SCHIZOPHRENIA*, Lifeline Press

統合失調の主要原因

ますが、その視点を変えて、背骨に注目するようになれば、どれだけ統合失調症の患者さんが治癒されることかと私は思っています。

このように背骨の障害に由来するケースがとても多いわけですが、では具体的に背骨のどこか。

てんかんの場合は頸椎上部と、仙骨、尾骨という具合に、背骨の両端に限定されていましたが、統合失調症の場合は、もう少し広がっています。

一番よく指摘されるパターンが３カ所です。頸椎の３番、胸椎の９番、腰椎の４番です。このパターンがとても多いです。エドガー・ケイシーは、この３カ所は肉体と霊体を連結している接合場所のようなものだと主張しています。人間の肉体と霊体は、この箇所で密に接合している。そこに異常が起きると統合失調症になると主張しています。

それ以外には内分泌腺の原因があるわけですが、では内分泌腺の異常はどういう原因で起きるのか。ある人は、「精神異常の原因は内分泌腺が変化したことによる。ではなぜそれらが悪化したのかというと、この人がいつまでも敵意と憎しみを持っていたために分泌腺がひずんでしまったのだ」とケイシーから指摘されました。心の状態と分泌腺は深いかかわりがあります。敵意や憎しみを持ち続けていると、それ自体が自分の分泌腺を傷めてしまう。気をつけたほうがいいですね。

その他には、臓器のトラブルも原因として指摘されています。例えば骨盤臓器に癒着がある。卵巣に癒着があるとか、前立腺に癒着があるとか、いろいろな癒着が骨盤臓器には出やすいです。骨盤臓器に癒着があると、それが最終的には松果腺に反応を引き起こし、それが抑圧状態などを経験させる。なので、思わぬところに原因があります。統合失調症だからといって、頭に原因があるわけではなく、人によっては臓器のトラブルが原因だったりするわけです。

あるいは、体内毒素が原因になる場合もあります。例えばある人は、水銀を体内に取り込んだがために神経に異常を来したと指摘されました。そういう外側からもたらされたもので統合失調症になる場合もあるわけです。

精神的ストレスで発症する場合もあります。ある人は、過度の勉強と緊張が原因だった。受験生だったのかもしれません。受験生で時々統合失調症を発症する人がいますね。あるいは、就職のストレスで発症したとか、そういうパターンもあります。ある人は、勉強の緊張と、腰椎下部にもともと怪我があった。この2つが組み合わさったことで、統合失調症になった。単独というよりも、原因が幾つか複合して、最終的に統合失調症になったというケースです。

## ◇出産時のショックとココアバターによるケア

逆子とか出産時のショックも多いです。出産時に頸椎の１番、２番に圧迫を生じた。出産は、赤ん坊にとってものすごく大変な経験です。うまく旋回して出てくればよいですが、なかなか出られない場合に、ドクターが無理やり引っぱったりします。そうすると、首のところを痛めます。あるいは、おなかの中にいるときに、何らかの事情できちんとした姿勢になれなかった場合にも、背骨にショックを残して生まれてきます。

実は私の妻は大きな子宮筋腫をかかえていましたから、妊娠初期に妊娠の継続は無理だろうと言われました。ケイシー療法のおかげで筋腫は小さくなったけれど、それなりに子宮が硬かったので、うちの娘はおなかの中で丸くなることができなかった。そのため背中を伸ばした状態で成長しました。そして、妊娠７カ月くらいから脳に水がたまり始めたのです。ドクターたちは、このままでは水頭症で生まれますと言われて、私たち夫婦は悩みました。結局、夢解釈とケイシーの食事療法に従って努力したところ、ちょうど出産の２週間くらい前に完全に水が吸収されて、無事に生まれてきました。しかし、娘は、他の子どもと違って脊柱に強い圧迫を受けていたはずですから、生まれて数日後から、私は念入りにココアバターで娘の背中をマッサージをしました。皆さんも、誰か知り合いの人に子どもが生まれるときには、ココアバターを１びんプレゼントされるとよいですよ。

ココアバターの使い方はとても簡単です。ココアバターは、夏場でない限り、常温では固まっています。冷蔵庫に入れなくても結構かたく固まっています。それをスプーンでこそぎ取るか、さもなければナイフなどでちょっと切って、小さじ３分の１くらいの量を手のひらにとります。子どもの大きさによっては、小さじ半分くらい必要な場合もあるかもわかりませんが、手のひらにとったら、手のひらを合わせて温めます。そうすると、溶けてきます。溶けたココアバターを子どもの背中にすり込みます。すり込み方は、別にテクニックを考えなくてもよいです。優しく穏やかに背骨にすり込んであげる。簡単なテクニックを教えてあげるとすれば、脊柱の両側を上から下に螺旋（らせん）を描くように優しく、優しくマッサージしてあげる。背骨の右側は右回転で、左側は左回転で、穏やかにマッサージします。そういうふうな形で穏やかにマッサージをしてあげると、背骨にあったであろうひずみを早い段階で解消することができます。

私はココアバターのマッサージをいろいろな方に教えて喜ばれています。むずかっていた赤ん坊が、これによって泣きやんだりするんです。ココアバターというのは、使えばわかりますが、とても甘い優しい香りがします。高齢者にもココアバターを使います。大体75歳とか80歳を過ぎたならば、普通のマッサージオイルがきつくなるのでココアバターを使います。ですから、乳幼児と高齢者は同じオイルを使うということですね。

我が家はケイシー療法をしていたおかげで、娘は無事健やかに育ちました。この４月から大学生です。立派な大学にも合格して、私も嬉しいです。

## ◇バイオレットレイによる憑依霊の除去

統合失調症の原因として、件数はてんかんほどではありませんが、憑依霊があります。憑依霊となると、現代医学はお手上げです。「霊が取り憑いているみたいなんですけど」とドクターに言ったら、ほとんどのドクターは嫌がりますよね。でも、実際に憑依霊で統合失調症になるケースはあるのですから、しょうがないです。

例えばある人は、神経も衰弱しているが、同程度に憑依の状態があると指摘された。こういう神経衰弱は、単に薬を与えても、取り除くことはできません。憑依霊を取り除く手段を講じる。てんかんと同じように、霊を取り除くようにする。例えば、バイオレットトレイという装置で電気的な刺激を与えて除霊するという方法もあります。バイオレットトレイは数分で済みます。手を当てる療法だと、時間もかかるし日数もかかりますが、バイオレットトレイだとわずか数分で終わります。

ただしバイオレットトレイを憑依されている人に当てると、私も経験したことがありますが、治療する側に霊が向かってくることがあります。こちらが霊的防衛にたけてないと、具合が悪くなります。私はある治療師にバイオレットトレイによる憑依霊の取り除き方を教えたことがあります。その人はある患者さんを見て、これは憑依霊のパターンだとわかった。憑依霊のパターンは目つきが違うんです。普通の元気な人の目

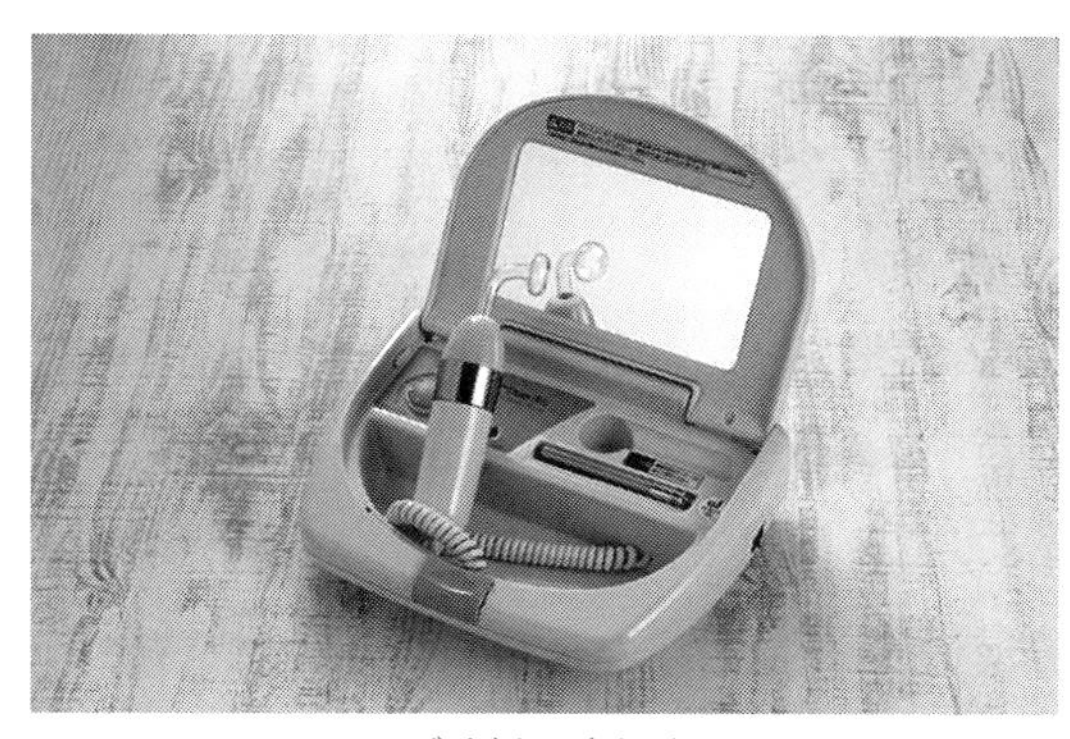

バイオレットレイ

つきをしていない。目つきが異様な人を見たときには、これは憑依霊かもしれないなと予測がつくわけです。その治療師は、「これは光田さんから聞いていた憑依霊のパターンに違いない」と思って、バイオレットレイをビーッと当てました。患者ご本人はそれで非常にすっきりした。しかし施術した治療師本人は、その晩からしばらく、とても具合が悪かったそうです。私に文句を言うので、「だから健康な人がやらなきゃだめと言ったでしょう。あなたの日ごろの心がけが悪いから取り憑かれるんですよ」と言い返しました。手軽だけど、行う側もそれなりに霊的防衛というか、心が浄化されてないと、容易にその霊を引き込んでしまうことになります。

ケイシーは、場合によっては、背骨に当てなくても、電気を通した状態のバイオレットレイを手に持っているだけでも霊は嫌がるというおもしろい主張をしています。

## ◇統合失調症と前世

前世の影響で統合失調症を発症する人もいます。人によっては、前世の記憶が何らかのショックで一気によみがえってしまう人がいます。転んで背骨を強く打ったりすると、それがきっかけで、いわゆるクンダリーニが不用意に上昇してしまうことがある。霊的エネルギーが上昇してしまって、その結果として、本来であれば思い出さないはずの前世の記憶を複数、同時に思い出してしまう。その結果として、頭が異常を起こしてしまう。自分が誰かわからないような状態になってしまうケースもあります。あるいは、執拗に何らかの幻影、幻想、幻聴が現れる。そういった場合も前世の影響が考えられます。

ある人が「なぜ右目に金属パッドを当てたがるんでしょうか」と質問したときに、

ケイシーは、それは過去生から来ていると答えました。英語では複数形で答えていますから、１個の過去世ではなくて、複数の過去生から来ているのでしょうね。ある人は、「どうして自分は人々から見捨てられて拷問にかけられるということを想像するのでしょうか」と尋ねましたが、眠れるケイシーは、それもまた前世から来ているイメージの結果であると答えました。多分、この人は実際に前世で拷問に遭ったのでしょう。そのことを思い出してしまって、それが原因で統合失調症になっていた。

このように統合失調症にはいろいろなケースがあります。頭の状態だと決め込んでしまうと視野が狭まってしまいます。非常に幅広い原因があり得るということを知って検討すべきです。

ある人は、「肉体から魂が抜けている。脳が劣化し始めているので、治療しても治すことは無理です。今できることは、この人を愛情を込めて見送ることです」と言われました。「無駄な延命治療はこの人にとっては拷問になってしまうので、延命治療は行わず、愛情を込めて見送るという態度で接しなさい。そうすると、しかるべき時期に肉体から完全に霊魂が抜ける」と。この人の場合は、霊魂は抜けていたけども、いわゆる銀の紐が残っていて、まだつながっていたわけです。肉体上にほんの少しくっついていたけども、基本的には肉体から霊魂が離れてしまっているので、この人はまともな応答ができませんとケイシーは主張しました。

こういうケースもあるということです。でも多くは、背骨の異常と内分泌腺の異常です。

## ◇統合失調症の発症メカニズム

私が統合失調症を１４０件調べて、最終的に発症メカニズムはこうだろうとまとめたのがこれです。

まず、背骨に障害が生ずる。とりわけ多いのが骨盤です。その結果として、中枢神経と自律神経が調和しなくなる。そして、その結果として、性腺とライデン腺が障害を受ける。最初は神経系の不協調だけだったのですが、その神経系の不協調を放って

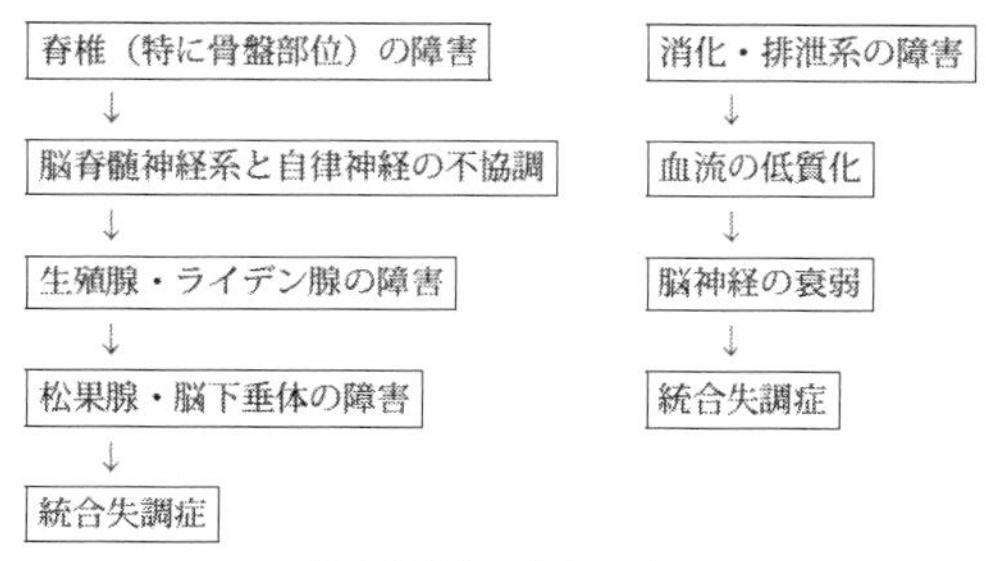


統合失調症のメカニズム

おくと、今度は分泌腺の異常になる。最初は下のほうの分泌腺、骨盤にある性腺とライデン腺の障害だったのが、だんだんと上のほうに上がっていって、最終的には松果体と脳下垂体の障害になる。松果体と脳下垂体に障害が生ずると、これは明らかに症状として統合失調症になってしまう。

ですから健康上、背骨の状態にはとても気をつけたほうがよいということです。背骨の様子がおかしいというのは、将来、とても厄介な病気を引き起こす可能性がある。背骨にはよくよく気をつけましょう。

もう1つのパターンは、排泄とか消化器系にトラブルが生ずる。そうすると、今度は血液の質が悪くなって、それが神経系を弱めて、最終的にそれが統合失調症になってしまう。

リーディングを調べた結果、大きく分ければこの2つのパターンになります。

## ◇統合失調症の食事療法

次に、統合失調症の治療方法です。

まず、食事療法はとても重要です。これまで皆さんに説明してきた治療法とそんなに変わりませんが、幾つか強調されるものがあります。

まずは豚肉と揚げ物は禁止です。ただし、がんではないので、牛肉とかラムとか鳥肉はほどほどならオーケーです。

果物をよく食べる。ただし、リンゴとバナナは除く。果物の中でリンゴとバナナは、日本人の場合、あまり食べないほうがよい。少なくとも生のリンゴは食べない。どうしてもリンゴを食べるのであれば、加熱調理したものにする。

野菜、特に葉物の野菜を生でたくさん食べる。

炭水化物は控え目にして、穀物はできるだけ全粒に近いものを食べる。これまでも話してきましたが、私の経験上、玄米食にする場合、いきなり白米から玄米に切りかえると大抵の人はショックを受けます。なので、最初は八分づきくらいにして、その次に五分づき、三分づきと、だんだんとならしていって最後に玄米にする。こういうふうなことをやらないと、消化器系がショックを受けます。私は白米からいきなり玄米に替えて消化器系のトラブルを経験した人を何人か知っています。

砂糖類は極力避ける。

インスタント食品、コンビニ弁当など、保存料、着色料をたくさん含むものも極力避ける。

私は、家族が統合失調症だという人から、これまで多くの相談を受けました。その人たちにこの話をすると、食事療法が大変だと言います。なぜかというと、統合失調症の人は砂糖の入ったお菓子類を好んで食べる、コンビニ弁当を好んで食べるのだそうです。これらをやめさせるのは、とても難しいと悲観する人もおられます。それくらい健康を害するものほど口には美味しい。でも、食事が中途半端だとよい結果にならない。

それから、1日に1・5リットルくらい水を飲む。

この量は体重50キロの私の場合ですが、ご自分の体重のキログラム数に30を掛けた数値が飲むべき水のミリリットル数です。私の場合は体重に30をかけると1500になりますから、1000で割るとリットル数として1・5リットルとなる。

週に数回はゼラチンを摂る。1回につき小さじ1杯くらいのゼラチンパウダーが目安です。

これらを実行することで血液のクオリティーを上げていく。食事療法の目指すところは、それによって血液の質を上げていくことです。

## ◇背骨の調整とオステオパシー的マッサージ

食事療法とともに背骨の調整も行います。

背骨の調整は、頸椎3番、胸椎9番、腰椎4番、そして骨盤の仙骨、尾骨を念入りにやってもらう。そうすると、かなりの確率でシャキッとしてきます。

近くに優れた整骨の先生が見つからない場合には、オイルマッサージをします。オイルマッサージは何度も説明しましたように、右側は右回りに螺旋を描くようなマッサージをする。左側は左回りに螺旋のマッサージをする。こうすることによってよい成果が得られます。

こういうマッサージの仕方を、ケイシーはオステオパシー的マッサージと言いました。オステオパシー的マッサージとは、骨格系の調整を目指すものです。筋肉の疲労に対するマッサージはスポーツマッサージですけれども、ケイシーのマッサージは筋骨格系を整えることを主眼に置くので、オステオパシー的マッサージと呼ばれます。

整骨を受ける場合、最初のうちはかなり頻繁に受けます。理想的には週に2回くらいのペースで10回くらい受ける。ですから、5週間は、最低でも週に2回くらいのペースで整骨を受けます。週に1回では少し足りないんです。結局、1週間もすると元に戻ってしまう。週に2回以上やると、戻り切らないうちに次の治療を行うので、徐々に成果が上がっていくわけです。1週間に1回だと、いつまでも同じレベルで施術することになる。なので、どうせ受けるのであれば、週に2回あるいは3回くらい受ける。戻り切らないうちに次の治療を加えると、だんだん調子が上がっていきます。

これを延々とするわけではなくて、最初5週間くらいはそのペースでやって、体が整ってきたなら、その後は週1くらいのペースで維持する。さらに、それで安定してきたなら月1回くらい、最終的には年に1~2回くらいメンテナンスのために受ける。

私の場合、整骨の治療は年に大体3~4回受けます。別にどこかにトラブルがあるわけではないですが、自分の健康維持のために受けています。皆さんにもそれくらいのペースがお勧めです。

私は、日本の保険制度が整骨治療を保険に加えてくれればよいなと思うんです。年に4回は無料で受けられるとかね。これによってどれだけ健康が回復するか、と私は思っています。普通の病院での受診を保険で賄(まかな)うくらいであれば、年に数回分でも筋骨格系の調整のための治療を保険が賄ってくれれば、健康上とてもよいと思っています。

## ◇統合失調症の電気療法

背骨の調整は、統合失調症を発症して間がない人の場合には劇的に効きます。例えば、統合失調症を発症して半年とか１年くらいの場合には、整骨療法だけで相当に回復します。ところがこれが２年、３年たってくると、整骨だけではうまくいかない。その場合には電気療法が必要になってきます。

統合失調症を発症して４年、５年たって、悪化しているようなケースでは、多くの場合、幻聴とか幻覚といったものが出るようになるので、確実に電気療法が必要です。

電気療法は、ウェットセルという装置を使います。先ほども説明（48ページ）しましたが、ウェットセルはちょっと複雑な構造なので詳しくは後述しますが、簡単に言うと、微弱な電流を体の中に流し、そのときに同時に、金もしくは銀の波動を体の中に送り込みます。それによって内分泌腺の回復を促すというものです。症状によっては１日おきに、症状が重い場合には毎日、（可能であれば）就寝前に行います。

ウェットセルは、必ずオイルマッサージとペアです。しかも、筋骨格系が整っていることが前提ですから、整ってない場合には、先にそれをやっておきます。統合失調症の場合に行うオイルマッサージは、ウェットセルが終わった後で、背骨を中心に行います。具体的な手技については、また後で（92ページ参照）お話をします。

## ◇バイオレットレイと暗示療法

憑依霊の場合は、元気な人に手当て療法を行ってもらうという方法もありますが、もう1つ、バイオレットレイを当てるという方法があります。

その人が憑依霊の影響を受けているかどうか判断はなかなか難しいですが、次の3つの様子があれば、憑依霊の影響が考えられます。あるいは、憑依霊である可能性が高いです。

1つは、顔つきが変わるほど、目つきが変わるほど感情が高ぶって、抑制がきかない。人相が変わるぐらいになってしまう。これは相当に怪しいです。私はこのケースにこれまで何回か遭遇しました。本当に人相が変わり、目つきが変わります。目の色が変わると言ってもいいかもしれません。

２つ目は、幻覚とか幻聴が生ずる。「声が聞こえる」とか「誰かが私にこんなことをしろと命ずる」。そういった場合は、統合失調症の中でも憑依霊の可能性が高いです。

３つ目は、執拗にある種の妄想を持つ。「誰かが私のことを監視している」とか「私の頭の中にはＵＦＯのチップが入っている」とか、そういうふうなことを言い始める。

このような場合はバイオレットレイを使うか、手当て療法を行うか、さもなければ集団でお祈りをするか、３つのうちのどれかになります。

一番手軽なのはバイオレットレイだとお話ししましたが、行うのであれば脊柱に沿って1日5分くらいビーッと当てます。

暗示療法も重要です。暗示療法は、次に出てくる認知症でもとても重要です。どういう療法かというと、我々の精神を、ある方向にうまく誘導する。「あなた、きょうも具合が悪そうですね」と言うと、だんだんその人は本当に具合が悪くなります。そうではなくて、「昨日よりも調子がよさそうですね」と導いてあげる。そうすると、ご本人も「そうなのかな」という気になってきて、だんだんとよい方向に向かっていく。暗示療法はとてもおもしろい方法ですけれども有望です。特に統合失調症や認知症の場合には有望です。

ただ、やり方があって、極端によいイメージを与えてはいけない。ほんの少し先のよいイメージを与える。あまりにもよいイメージを与えると、無意識が「これはウソだ」と反発するんだそうです。ウソだと思わせてはだめで、「あ、そうかな」と思うくらいのちょっと先のイメージを与えてあげる。そうすると「ああ、そうなんだ。うまくいっているんだ」と思って、いよいよますますその気になってくる。重要ですよね。治療にその気にさせるための暗示療法を行う。幾らかコツはありますが、とにかく人生に希望を回復させる、喜びを回復させるような建設的な言葉を穏やかにかける。これが暗示療法です。

## ◇1対1で向き合うことの力、コンパニオン療法

統合失調症が相当に進行しているケース、例えば発狂して、それこそ叫び続けているような場合には、治療するほうが相当に気力を振り絞って取り組まないと治らない。それほどひどくなっている統合失調症の場合は、精神病院に入院させておくだけでは治りません。どうするかというと、１対１で治す。それこそ、この人を治すことを自分の使命にするくらいのつもりで１対１で治すんです。この方法をケイシーは「コンパニオン療法」と言いました。

どういうことかというと、治療する人は、その患者さんに24時間ずっと付き添って、常に建設的な言葉をかけ、電気療法、オイルマッサージ等を行う。四六時中その人に付き添って、その人を導いていく。そのとき、都会でやると失敗することが多いんです。閑静なというか、自然の豊富なところで行う。近くに森があったり、川があったり、自然の美しさを鑑賞できるようなのどかな場所で行う。そうすると、環境自体がその人を安定化させます。都会で行うと、周りの風景を見てもビルばかりで心が安定

しないんです。近くに森がある、あるいは海があるというようなところに連れていって、それこそ3カ月から半年くらいは、その人に付き添うくらいのつもりで行う。

もちろん、1人の人が24時間ずっと付き添うわけにいかないこともあります。そのため、実際には2人くらいのペアで行うことが多い。あるいは、基本的に1人の人がメインでやるけれど、時々交代してもらえるような要員を用意しておく。そうすると、それによって治ることがある。コンパニオン療法は大抵家族が行います。家族が付き添って、どこかで徹底してやる。そうすると、今まで治らなかったものが治り始める。

よろしゅうございますか。以上が統合失調症の原因であり、ケイシー療法による治療法です。今、治療法を単独でお話ししましたが、実際にはこれを上手に組み合わせる必要があります。その組み合わせの方法については、また後で3つの病気をまとめてお話しいたします。とりあえず今は統合失調症のお話をしましたが、何かご質問がありますか？

## ◇質疑応答

**質問者Ａ**　玄米食に急に替えるとショックを受けるとおっしゃいましたが、具体的にどんなショックが起こるのか教えていただけますでしょうか。

**光田**　まず、消化し切れない、消化しづらいので、玄米食に切りかえると、体重がグーッと落ちる。そして、体力が落ちる人がいるので、そういうことがないように注意する。玄米食に切りかえたことで病的に痩せる人がいますね。なので、玄米食に急に切りかえるよりも、八分づき、五分づき、もしくは発芽玄米とか酵素玄米のように、消化しやすい状態にしたもので始めてみることが重要です。同じように、パンをよく食べている人がいきなり全粒粉パンを食べるとショックがあります。なので、全粒粉が３割まざったものとか、５割まざったものとか、そして最後に全体が全粒粉のパンにする。あるいはライ麦パンにする。私の経験では、そのほうが安全です。

**質問者Ａ**　私は自分で玄米に急に替えたんですけど、体がピリピリかゆくなって、ちょっと帯状疱疹（たいじょうほうしん）っぽい感じになって、思い当たることを全部やめていったんですが、玄米食をやめたら何となく落ちついた。そういう体の中の熱を生み出すとか、何かそういうのことをエドガー・ケイシーさんはおっしゃっていますか。

**光田** そこまでは言ったことはないですが、人によってはショックがあるというふうには言います。ある程度移行期間を十分設けてから入ったほうがいいです。急に切りかえると、言ってみれば消化管がなれてないわけです。だから、消化のプロセスをならしていく。白米に戻されて体調が戻ったのであれば、そこから徐々にならしたほうがいいです。急激な玄米は向いてないということですね。白米から急に玄米に切りかえて、ショックを受ける人は多いです。

**質問者A** ショックがあっても、徐々に移行していけば……。

**光田** ショックが少ないです。最終的には玄米のほうがいいです。玄米のときの便と、白米のときの便は、全然違います。便の状態で自分の健康状態がわかりますから、最終的には、もちろん玄米に移行したほうがよいです。でも、急激に移行すると、ショックがあってかえってよくないということです。

**質問者B**　霊的なことに関する質問です。先ほどの治療側の方もそうですが、患者さん側は、憑依霊に限らず、何か霊的な影響は大なり小なり受けるとは思います。エネルギー的なことの融合なので。その場合の防御策というか、いただかないような方法と、あと、先ほどの治療家の方のように、いただいてしまった後の対処的なことは何かケイシーさんは言っていらっしゃいますか。

**光田**　ケイシーは治療家向けに言ったわけじゃないですけど、受けないようになるためには、まず、こちら側が心を浄化しておかないといけません。憎しみがあるとか、執着があるとか、怒りがあるとか、そういうネガティブな感情を持っていると、大体霊というのは、そういう感情に引き寄せられるわけです。我々がそういう要素、寄ってくる要素を持っていなければ、少なくとも我々には来ないです。よそに行くかもわからないですけれど、治療師がそれで影響を受けることはないです。私は何回かやりましたが、特別に不調を感じたことはないです。信仰を持って、主が喜ばれるようにというつもりで行っていれば、こちらのほうに特別害が及ぶことはまずないと思います。主に守られているようなつもりで、そういう信仰で臨めば。

**質問者B**　ネガティブな感情等はないにしても、治療師がやはり大なり小なり恐怖感とか不安感を持つというのはネガティブな領域に入るのでしょうか。

**光田**　不安とか恐怖を持っていれば、それにつけ込まれる可能性はあります。

**質問者B**　それがなかなか取れないというか。

**光田**　それは練習です。もしも、まだそれがあるのであれば治療は行わない。相手に対して施さない。

**質問者B**　例えば身内とかだと、そういうわけにもいかない。

**光田**　身内であったとしても、自分のほうに不安がある場合には、あえて行わない。ほかの人にやってもらう。

そういう不安を解消するとても力強いものは信仰です。「生きるも死ぬも神の懐住まい」。「主は必ず私の人生に介入して、私を導いてくださる。何ら心配する理由がない」。何ら不安に思う理由もない。どういうふうな死に方をしようと、それもまた主が導かれたことと思い、死を受け入れてしまえば、不安を感ずる理由がなくなります。自分がどのような死に方をしようと、それもまた主のなされたこととして、喜んで受け入れるとすればね。

**質問者B**　でもそれは、なかなか相手に……。

**光田**　いや、相手には求めてないです。

**質問者B**　自分が持っていれば、伝わっていくかもしれないということですね。

**光田**　そうです。そして治療を受けるほうは、その間に、少なくとも持っている憎しみとか怒りを手放すように努力をする。そこまでの信仰を持たなくてもよいですけども、少なくとも手放す努力をするのは重要です。でないと、また引き寄せますからね。

**質問者B**　それは不安に関してもということですね。

**光田**　不安を持っていてもそうです。

**質問者B**　病気を次々、どこが痛いとかと思う方も。

**光田**　自分の病気を気にしすぎるのは、自分にこだわりすぎですから、それよりも少々具合が悪くても、自分の体を誰かのために役立てたいなと思うことがとても重要です。

前回（第3巻）、リウマチの話をしましたが、エドガー・ケイシーは重度のリウマチの人に、その体を使って誰かの人生に役立つことを考えて、実行しなさいと言ったんです。手も曲がっているし、動きづらい体だけど、エドガー・ケイシーは、その体を使って、どうすれば人の役に立つかを考えて、それを実行しなさいと言った。やり方は自由です。例えば、ベッドに横になって、誰かのために本を読むのでもよいかもしれない。何かものを書くでもよいかもしれない。とにかく自分の人生を役立てることを考える。そうすると、それが我々を助ける。

**質問者B**　大変魂に届くようなお言葉、ありがとうございました。

## ■認知症

### ◇アルツハイマーの発症メカニズム

では認知症の治療法を解説しましょう。認知症といっても、メインはアルツハイマーです。

アルツハイマーの原因は、医学的にもかなり研究されてきて、現時点での一番有力

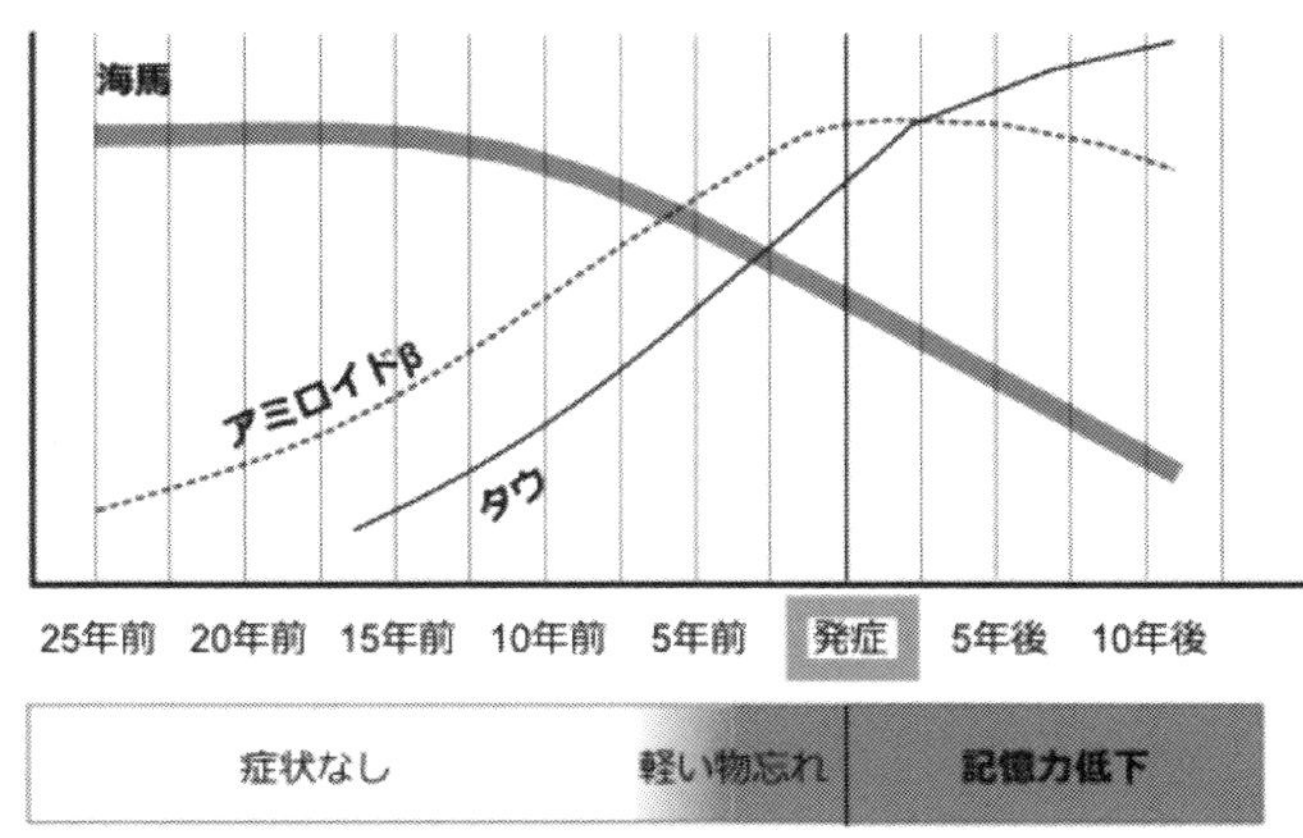

アルツハイマーの有力仮説：アミロイドβ＋タウ

な説はこうなっています。

まず、脳内に老廃物であるアミロイドβという化学物質が増え始める。アミロイドβが増え始めると、脳の両側にある海馬がだんだんと小さくなってくる。ところが海馬が少々小さくなっても、最初はわからない。発症するには、アミロイドβが出始めて10年とかたって、今度は脳内の神経細胞の中にタウという物質ができ始める。このタウという物質が出始めると、実際に神経にもろもろの影響が出始める。

タウと海馬の大きさは、このグラフのように反比例の状態になっています。タウがグーッと上昇すると、それにつれて海馬がグーッと萎縮する。そして海馬がある程度萎縮したところで、我々は初めてアルツハイマーだ、認知症だと発症を知るわけです。でも実際には、発症のうんと手前、15年くらい前から、現象は始まっている。ですから、発症したときは、もう相当進行しているわけです。

発症の手前くらいから、軽い物忘れがあって、発症と同時に、今度は記憶力の低下がある。きょうの朝やったことも、夜、覚えてない。朝御飯に何を食べたのか覚えてない。翌日、きのうの晩、何を食べたかわからない。誰と会ったかもわからない。人の顔もどんどん忘れていくという症状になってしまいます。

海馬の状態と、症状をグラフにすると、こんな状態です。初期には、物忘れ程度だったのが、発症して数年たつと記憶力の障害、記銘力の障害、あるいはいわゆる見当識を失う（失見当識）、今どこにいるのかわからない、今何時なのかわからないという状態になる。海馬からさらに進んで、側頭葉あるいは頭頂葉あたりに問題が生ずると、今度は着衣失行とか視空間失認という症状が出始める。そして前頭葉にまで及ぶ

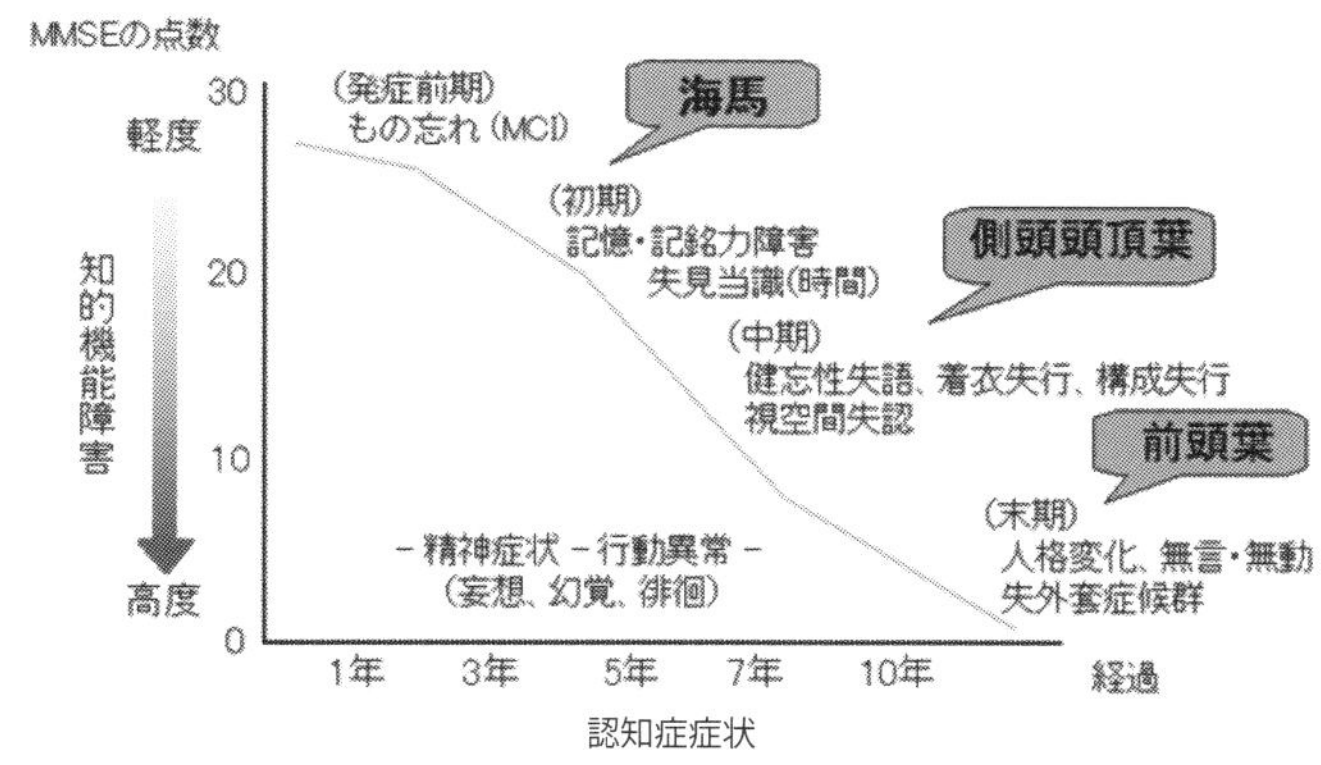


と末期と言われて、人格がおかしくなってくる。大体発症して10年、15年くらいからひどい症状になって、家族では手に負えなくなってしまいます。

今、現代医学はどういうふうにやっているかというと、何とかこの症状の進行を抑えようとしている。進行速度を緩くする。できる最大限は、進行を止めることです。状態を元に戻すという発想はない。しかしエドガー・ケイシーは、認知症の症状が出たとしても、そこから回復することが可能だと主張します。なぜならば、現代医学は脳の神経細胞は一回失われたら再生しないと主張しますが、エドガー・ケイシーは、適切な治療を施せば脳の神経細胞といえども再生賦活（ふかつ）すると主張する。その再生させるためのやり方と必要な装置をエドガー・ケイシーは教えてくれたのです。

## ◇認知症のケイシー流食事療法

ケイシー療法で認知症を治療するときには、次のことを心がけます。まず食事療法ですね。今までお話しした食事療法に、幾らか追加するものがあります。それから毒素排泄法。ひまし油パックや腸内洗浄といったものが必要になってきます。リンゴダイエットは、多分必要ないですが、体力があればトライしてもよいかもしれません。それからオステオパシー的マッサージ。最後に、電気療法としてインピーダンス装置あるいはウェットセルを使います。

認知症の初期ではインピーダンス装置を使いますが、進行したケースあるいは相当進行した場合にはウェットセルという装置を使います。治療中は、基本的に暗示療法を同時に行う。これらのことを行います。

インピーダンス装置

インピーダンス装置は写真のようなものです。材料や構造や作り方などをリーディングが細かく指示して製作されたものです。また、この装置の使い方についても細かい指示があり、さらにメンテナンスの仕方など、さまざまな情報がリーディングを通して与えられました。

認知症を治すための食事療法ですが、基本的なところはこれまで説明してきた内容と同じです。

まず豚肉は禁食、揚げ物も禁食です。

その次に指示されることが、アルミ製品で調理や食事をしてはいけない。アルミ鍋とか、アルミのグラスとか、そういうアルミ製品は使用しない。人によってはアルミの害を受けない人もいますが、どの人が害を受けないか判別が難しいので、とりあえず基本的にアルミ製品は使わないようにします。アルミホイルも使わない。いろいろなアルミ関連のものは使用しないようにします。

肉類は、がんではないので牛肉であれば少しくらい食べても大丈夫ですし、それ以上に勧められるのはラムです。あるいは鳥肉でもよい。鳥肉であれば、野鳥が手に入ればそれがベスト。また獣肉よりも魚類のほうがよろしい。

炭水化物を食べすぎないように注意する。それから、1回の食事で2種類以上の炭水化物をまぜない。これは皆さん、もう了解してきたでしょう。

新鮮な野菜を可能な限り生野菜として食べる。特に血液をきれいにする力が強いのがクレソン、セロリ、レタス、ニンジン。この4種類をよく覚えてください。ただし皮膚疾患のある人は、胡椒とナス科の野菜、すなわち、ナス、トマト、ジャガイモ、パプリカ、ピーマン、トウガラシを食事から外す。これはあくまでも皮膚疾患のある人です。皮膚疾患のない人であれば、完熟トマトは良いですし、ナスも構わないし、ピーマン、パプリカも大丈夫です。あくまでも湿疹だとかアトピーがある人の場合にはナス科と胡椒を避ける。

また新鮮な果物をたくさん食べる。ただし、生のリンゴとバナナは食べない。これはケイシー療法で一貫して出てくることですね。

血液を弱アルカリに保つために、柑橘系の果物をたくさん食べる。ただし、柑橘系の果物を食べるときには、炭水化物は食べない。ミカンを食べて御飯を食べる、御飯を食べた後にミカンを食べるのはだめです。

糖尿病がある人の場合にはキクイモ（卵大1個くらい）を週に数回食べましょう。

砂糖を多く含む菓子類は基本的に食べない。

たばこは極力控える。

アルコールも極力控える。とりわけ泡が出るものは控える。私はアルコールを飲むときには、基本的に泡が出ないものを飲むようにしています。時々は泡が出るのも飲みますが、他の人よりは控え目だと思います。基本的には日本酒とか焼酎にしております。

認知症を治療するための理想的な食事法というのがあります。これは認知症に限らず、がんであれ、その他もろもろの病気であれ、朝食、昼食、夕食に分けると次のようなパターンになります。

朝食には柑橘系の果物、あるいはそのジュース。あるいは全粒粉パンやオートミールなどのシリアル。ただし、柑橘系とシリアルは同時には食べない。理想的には、柑橘系とシリアルの朝食を交互にする。月水金は柑橘系、火木土は炭水化物、日曜日は適当にということです。これはあくまでも理想の話であって、例えば、月火が柑橘系で、水木がシリアルであっても構わないです。要は、ずっと柑橘系でもよろしくないし、ずっとシリアルでもよろしくない。バランスよく交互に入ってくるといいですよというのがケイシーの主張です。

昼食は、新鮮な葉物の野菜をできるだけ生で食べる。ドレッシングは適当でよいのですが、時々ゼラチンと一緒に食べれば、より理想的です。根菜類は昼食に入れてもよいですが、できたら夕食のほうに持ってくるほうがよいです。根菜類は基本的に温野菜にする。生で食べられる根菜は生でもよいです。

夕食は、温野菜と生野菜をバランスよく食べる。

全体を通して、地下の野菜を１に対して、地上で育つ野菜を２から３の割合にする。地上で育つほうに、かなり重点を置いて食べます。夕食も、肉類は鳥肉とかラムとか魚介類にする。炭水化物は控え目に食べる。

これが理想的な認知症の食事です。いろいろなリーディングを調べてみて、認知症の方々に勧められた食事療法がこれです。それ以外の疾病でも大体こんな形になります。

## ◇認知症予防にも役立つオイルマッサージ

次に、認知症予防という意味でも、治療としても有望ですが、自律神経と中枢神経のバランスをとるために、オステオパシー的マッサージを施します。施すタイミングとしては、夜寝るとき、あるいはお風呂上がりに行います。この図は、確か第１巻で皆さんにご紹介したのと同じ図ですが、具体的な手技をお話しするとこういうことです。

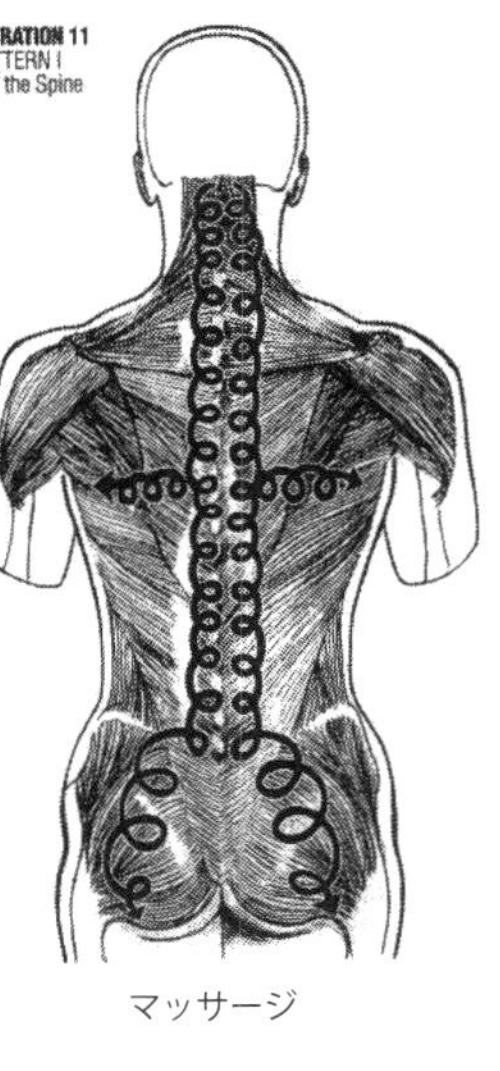

マッサージ

まず、相手にうつぶせになってもらいます。そして、背骨を中心に背中から腰にかけて、小さじ1杯程度のオイルをすり込みます。人によっては体がオイルをどんどん吸収しますので、体がしっとりオイルで潤っているくらいが吸収する限りのオイルをすり込みます。体が理想です。

さて、オイルを塗ったならば、実際の手技にうつります。なにしろ、「背骨の両側を、背骨に沿って円を描くようにマッサージしなさい」というのがケイシーの指示ですから、これを実行します。

まず背骨の右側をマッサージするときには、施術者は相手の左側に立ち、自分の右手をメインに当てる。その上に左手を添えて、腰を入れながら、首から尾骨にかけて、背骨に沿って螺旋を描くようにマッサージします。回転速度としては、ゆっくり数をかぞえるくらいの速さです。本人が心地よく感じるくらいの速度でやります。同じ強さでやってもあまり心地よくないので、強弱をつける。この場合には、中心から外に行くときに力を加え、戻るときに力を抜く。力を入れて、抜く。ですから、強く、弱く、強く、弱くというように律動的に行います。そして、皆さんがもっとテクニックを習得したいというのであれば、指先をくるくる螺旋に回すのではなく、ほとんど指は固定した状態で体幹の動きでマッサージする。指先を回すやり方だと痛いんです。心地よくない。

頭のつけ根の「盆の窪（ぼんのくぼ）」と言われるところから（より正確には、背骨の中心から左右に2センチくらい離れたところから）、背骨に沿いながら尾骨に向かってリズミカルに行います。

治療師がクライアントに施す場合には、臀部（でんぶ）をさわってよいかどうか確認しないといけません。尾骨まで触られるのは嫌な人もいるかもしれません。その場合には腰椎までにしますが、家族でしたら、盆の窪から尾骨まで施していく。

統合失調症やてんかんもそうですが、頭のつけ根と、仙骨・尾骨はとても重要です。ここがずれたがために、統合失調症やてんかんになる人はとても多いです。この図はあくまでも治療師用で、腰椎までになっていますが、仙骨・尾骨まで行えばベターです。

盆の窪から尾骨まで、大体3回くらい行ったら、施術者は立ち位置を相手の右側に移動し、背骨の左側をマッサージします。左側に施すときには、左手がメインです。左手を当てて、右手を添えるようにして、左回りの螺旋を描くように行います。

この説明は施術者がマッサージテーブルで行うことを前提としていますが、ベッドとか床や畳の上に敷物をひいて行う場合は、右側も左側も施術者の楽な側から行います。

相手の体格によっては、右側と左側を同時にマッサージすることもできます。そのときには、噴水のようなイメージ、あるいはハート型を描くようなイメージでマッサージします。

速度としては、1回、2回、3回、4回と、盆の窪から尾骨まで、全部で30回ほど螺旋を描きます。ぴったり30回でなければいけないということはないですが、椎骨の数に合わせますので約30回になります。つまり、頸椎が７つ、胸椎が12個、腰椎が５つ、仙骨が５つ、尾骨が３つあると考えて、その椎骨の数に合わせて行うわけです。

上から下まで約30回の螺旋を、右側３回、左側３回ほど行います。時間の余裕があれば、背骨に対して繰り返し行ってもよいですし、そこから腕、脚、腰など、全体的に施してもよいです。

背骨に対してこのような螺旋を描きながら行うマッサージのことをケイシーは「オステオパシー的マッサージ」と呼びました。背骨に少々ゆがみがあっても、そこにオイルが浸透することによって、ずれが徐々に戻ってきます。これを目指します。

使用するオイルは、ピーナッツオイルとオリーブオイルを同量ずつまぜたマッサージオイルが基本です。より効果を高めたオイルもケイシーは考案していて、商品名で言うと、テンプルビューティフルが最近「森と光のマッサージオイル」というのを出しました。これなどがそうです。私もここ2カ月くらいこれを使っていますがとてもいいです。スポイトで手のひらにとって、それを体にすり込みます。

もちろんマッサージは、誰かに施してもらいます。なので、まずは家族の誰かに施して、気持ちよさを知ってもらって、同じことを自分にもやってくれとお願いする。我が家ではそうしています。大体私が3回くらい奥さんにしてあげると、1回くらい奥さんがしてくれる（笑）。

## ◇インピーダンス装置で波動エネルギーを流す

筋骨格系が整ってきたところで、インピーダンス装置などの波動装置を使用します。これは波動装置なので、筋骨格系が整ってないうちは使えません。背骨にゆがみがある段階でこれを使うと、うまく波動エネルギーが流れないんです。かえってひずませてしまう。ですから、まずは筋骨格系をきちんと整える。その期間は大体2カ月くらいです。2カ月くらいは血液をきれいにするための食事療法、毒素排泄、ひまし油パックなどを行い、それと並行して週に数回オステオパシー的マッサージを施して、背骨を整える。こうして身体の準備ができたところで、波動装置を使います。

認知症が軽度で、軽い物忘れ程度、軽い記憶障害があるくらいの状態であれば、インピーダンス装置だけで十分です。症状が幾らか進行してくると、インピーダンス装置に金と銀の波動を上乗せするという形の使い方をします。これについては後で図で説明します。認知症が重度になってきた場合には、インピーダンス装置では間に合わないので、ウェットセルという装置を使います。

インピーダンス装置とはどういうものかというと、中に板状の炭素鋼（カーボンスチール）が2本入っています。それがガラスを間に挟んでサンドイッチ状に貼り合わせてあります。電気で言うと、コンデンサーみたいな状態になっているわけです。ただし、これは電気のコンデンサーではなくて、人間のエーテルエネルギー、東洋哲学風に言うならば気のエネルギーを蓄えたり、放出するという構造になっています。過剰な気のエネルギーがこの装置に吸収され、気の不足しているところにこの装置から供給するという仕組みです。言ってみれば、気の過不足を徐々に平均化していくという装置です。肉体とエーテル体がずれ始めたときに、そのずれを治す装置と考えてもいいです。

あくまで、本人のエネルギーを使うので、これは他の人と使い回しをすることはできません。使い始めたならば、1人1台になります。

そして、貼り合わせた炭素鋼の周囲にはチャコール（炭）が充塡されています。チャコールが入ることによってどういう効果があるかというと、我々のエネルギーが入っていくときに汚れた想念が浄化されるとケイシーは主張します。言ってみれば、想念のフィルターみたいなものです。

この装置はこのままでは動作しません。必ず氷水の中につけます。氷水というよりも、正確に言うと、氷の中につける。氷の隙間に水が入っている状態です。メインは氷です。装置の周囲を氷で囲み、氷の隙間に水を満たします。装置は氷に浸ける部分を青色で示していますので、そこまで氷水に入れます。そして、装置の上部の端子にケーブルを取り付けて、ケーブルの反対側を人体に装着します。

実際に使うときにはこんな形になります。インピーダンス装置を氷がたくさん入った中につけます。そして、黒いケーブルと赤いケーブルを接続します。それぞれマジ

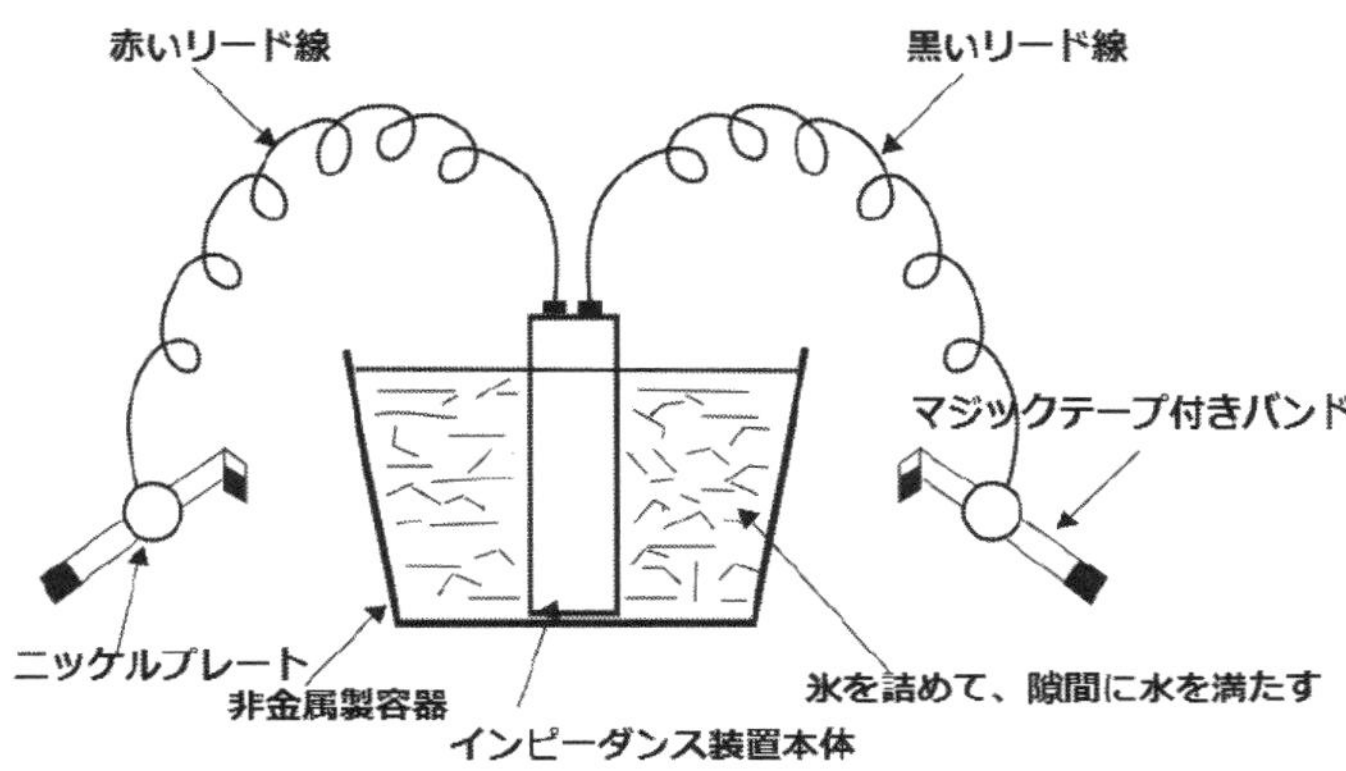


インピーダンスのセットアップ

ックテープになっていますから、これを人体につけるのですが、この装置が動作し始めるまでに約20分ほどそのまま放置して装置が冷却されるのを待ちます。氷水に入れてから20分たたないと作動しない。

おもしろい実験をアメリカでやったことがあるそうです。オーラが見えるという人たちにこれを見せた。そうすると、本物のインピーダンス装置を氷につけると、端子のところから白いオーラが出始めるそうです。最初、５分ぐらいから少しずつ出る。20分もたつとブワーッと柱のように出る。フェイクで、中身の入ってない偽の装置ではオーラが出ない。なので、本物かどうかはオーラが見える人に見てもらえばわかるし、また、オーラが見えるという人が本物かどうかを調べるときにもこれが使えるわけです（笑）。見分けられなかったら、「あんたのはウソね」となる。とにかく、実験したところによると、オーラが立ちのぼるのが見えた。私にはそれはわからないけれども、敏感な人が使うとわかるそうです。

とにかく20分間、ケーブルを差した状態で置いておきます。なぜケーブルを差した状態で置くかというと、実はケーブルの中をエネルギーが通過するのですが、電気とは違って、これを通過するのに時間がかかるんだそうです。このケーブル自体にジワジワジワと気が通じてくる。なので、ケーブルを差した状態で20分間氷の中に置いておきます。

装置の中身は左右対称なので、プラス・マイナスは原理的にはありません。プラス・マイナスは本来ないのですが、エドガー・ケイシーはこう主張しています。最初に人体につけたほうがプラスになる、と。そして、プラスに使った側は、それからずっとプラスとして使い続ける。マイナスで使ったものは、それからもずっとマイナスで使い続ける。適当に使ってはだめなんです。最初に赤のケーブルを人体に先に装着

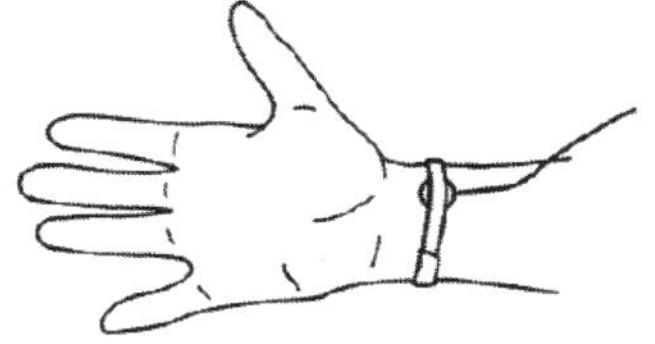
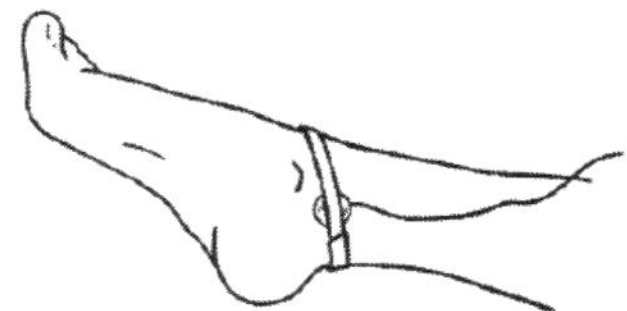

１日目：プラス極（赤）を右手首に、マイナス極（黒）を左足首に装着
２日目：プラス極（赤）を左手首に、マイナス極（黒）を右足首に装着
３日目：プラス極（赤）を左足首に、マイナス極（黒）を右手首に装着
４日目：プラス極（赤）を右足首に、マイナス極（黒）を左手首に装着

インピーダンス装着方法

すると決めたならば、その方針をずっと続ける。言ってみれば、ケーブルをならすわけです。気のエネルギーにならす必要があるので、取りかえたりしない。

装着の仕方はこの図のとおりです。最初はプラス・マイナスは何も決まってないわけですが、とにかく人体に最初につけたほうがプラスになる。まず、赤いケーブルを右の手首に装着する。必ず脈のとれるところにつけます。そして、黒いほうのケーブルは、人体の対称の側につける。つまり、この場合には左足首に装着する。左足首も、必ず脈のとれるところにつけます。なぜ脈のとれるところにつけるかというと、エーテルエネルギーは血液と同じ脈管を利用して流れるからです。血液の流れに沿ってエーテルも流れやすいので、手首、足首の脈のとれるところ、つまり動脈のところにつける。

この状態で、通常は1時間、穏やかに過ごします。瞑想の時間にすればさらに良いです。この時間は、宇宙の驚くべきエネルギーが自分に注がれているといった瞑想をしながら、1時間静かに過ごします。この間にハードロックとかを聞いていたら、とんでもない精神になってしまうので気をつけましょう。音楽を聞くのであれば、静かなクラシックであるとか、自分の心をかき立ててくれるような美しい音楽を聞きます。

1日目に赤の側のプレートを右手首につけたならば、翌日はこれを左手首に装着する。赤を左手首に装着するということは、黒いほうは右足首に装着する。この状態でまた1時間、瞑想状態に入ります。

3日目は、赤を左足首に装着する。そうすると、黒いのは右手首に装着することになります。順番はいつも赤が先です。赤を先につけてから、黒を後からつける。

4日目は、赤のプレートを右足首につけ、マイナスのほうの黒いプレートを左手首につける。

これで一巡です。一めぐりしたことによって、自分の中の過剰なエネルギーが装置に入り、不足したエネルギーは体に戻される。ある種、気のコンデンサーの役割をするわけです。過剰なものは装置に吸収され、不足しているところにエネルギーが戻されるという働きをしています。このパターンを繰り返します。

## ◇インピーダンス装置を使うときの注意点

幾つか注意すべきポイントがあります。

まず、前述のように、使用する20分前から氷水につけておく。そして、ケーブルを装着して1時間たって取り外したならば、必ずプレートの表面をよく拭く。ここに人体の脂がつくと、エーテルのエネルギーが流れにくくなるので、プレートはきれいにしておかなければなりません。エドガー・ケイシーは、場合によって、使用の前後にプレートを紙やすりで磨くよう指示しています。人体の脂がついただけでも気のエネルギーが流れにくくなる。当然ながら、装着する皮膚もきれいにしておく必要があります。そうすることで、気のエネルギーが通りやすくなる。

もう1つの注意点は、これらのケーブルを必ず別々に保管する。2本を一緒に保管してはだめなんです。その理由は我々にもわかりません。この装置は電気とは全く違うエネルギーを扱うものなんです。電気だったら、ケーブルを一緒に保管しても構わないはずですが、我々が扱っているのは電気とはもう一段違った次元のエネルギーなので、2本のケーブルは一緒にしないで、必ず1本1本、別々に保管する。

また、使用中もケーブルをクロスさせてはいけない。どういうことかというと、体に装着した状態でケーブルが交差してはだめなんです。交差しないように使う。

もう1つは、装置の近くに大きな金属があってはいけない。半径2～3メートル範囲に大きな金属があってはならない。ですから、冷蔵庫の前とか、そういう大きい金属があるようなところでは使わない。大きい金属があると、装置の中に入っているエーテルエネルギーが、抜けるようなイメージなんだろうと思います。

それから、長期に使っていて、装置の中が汚れてきたなと思ったならば、日光浴をさせる。直射日光に当てるのではなくて、幾らか日陰のところにこれを置くと、浄化されるそうです。

ある人がエドガー・ケイシーのリーディングを受けて、この装置を使い始めたところ、使えば使うほど、イライラしてくる。夫婦仲が悪くなった。それでエドガー・ケイシーに理由を聞いたそうです。「これを使うと私はかえってイライラするんですが、どうしてですか」と。エドガー・ケイシーはリーディングをして、「ああ、それには理由がある。これをつくったグッドソンが、チャコールを詰めている最中に奥さんと夫婦げんかをしてしまった。その夫婦げんかの念が装置に入ってしまった」と。

つまり夫婦げんかの念がこもった装置になってしまったわけです。しかし、解消方法も指示されました。その装置を強力な磁石の上でしばらく回転させる。そうすると、中のチャコールに入っていた念が消磁されて、また使えるようになる。言ってみれば、カセットテープの消磁と一緒です。我々の想念というのは、このように物質の中に刻まれるんだというところがおもしろいですよね。

これは毎日使ってもよいし、週に3日、4日使ってもよい。ただし、毎日使わない場合でも、サイクルは必ず守る。どういうことかというと、2日目が終わってしばらく休んだとしても、1日目から戻してやらない。3日目から行う。3日目でやめたならば、そこで少々ブランクがあったとしても、次に装着するときには4日目のパターンから始める。元に戻さないということです。例えば、赤を右手首につけるというところでやめたならば、ブランクがあったとしても、次回は左手首に装着する。このようにサイクルを守ってやるのが重要です。

これがインピーダンス装置の基本的な使い方ですが、認知症がさらに進行した場合には、金または銀の波動を上乗せして使います。装置そのものは同じですが、ケーブルの途中で金または銀を溶かした溶液の中を通過させるのです。波動を上乗せする場合には、装着の仕方が違います。

使用する溶液には、塩化金もしくは硝酸銀を溶かしたものを使います。これはケイシー療法の用品を販売するお店のほうで、必要な濃度に調整した溶液を売っていますので、皆さんがわざわざ溶かす必要はないです。

とにかく塩化金もしくは硝酸銀を使います。金と銀はそれぞれ作用に違いがあって、金は神経細胞に作用し、銀は神経線維に作用するとケイシーは主張します。認知症の

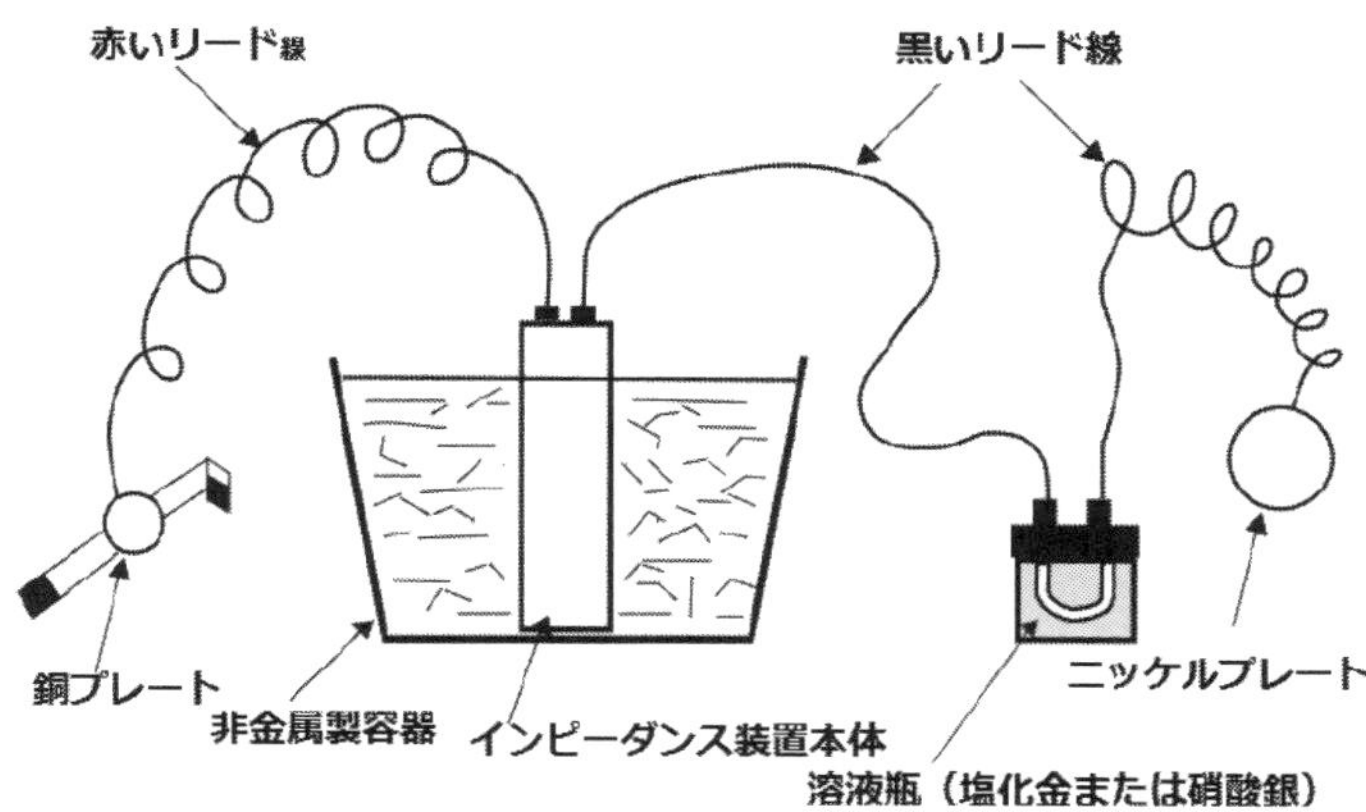


インピーダンスと溶液

場合は、金を使うことが多いです。金だけという場合もあるし、金と銀を交互に使うという場合もある。

使い方は、赤い側を手首足首につけます。黒い側はおなか、十二指腸の「乳び管叢（そう）」のところに装着します。具体的にはおへそから指の幅３本分右に寄り、そこからさらに指の幅２本分ほど上にあがった所になります。おへそから右斜め上になります。黒い方の装着位置はいつも同じです。赤い側は４パターンを順繰りにめぐらせます。そういう使い方をすると、内分泌腺に影響があるようなケースで、内分泌腺が徐々に機能を回復するようになります。これがインピーダンスと溶液を組み合わせた場合の使い方です。

## ◇進行した認知症にはウェットセルで対処

認知症が相当進行したケースでは、この方法では間に合わなくなっているので、そのときにはウェットセルという装置を使います。構造はこんな形になっています。

硫酸と硫酸銅をまぜて溶液をつくり、そこに銅の棒とニッケルの棒を差し込む。そこからケーブルを引き出すのですが、これで溶液電池ができます。両端の電圧を測定すると約50ミリボルトの電圧が発生しています。なぜ50ミリボルトの電圧を発生させる必要があったのか。私はしばらく疑問だったのですが、ずいぶんたって気がついたのは、神経細胞が電気信号を伝達する場合、50ミリボルトが必要なんです。エドガー・ケイシーは、まさにそのあたりの電圧を知っていて、こういう濃度の電気装置をつくったのではなかろうかと思っています。

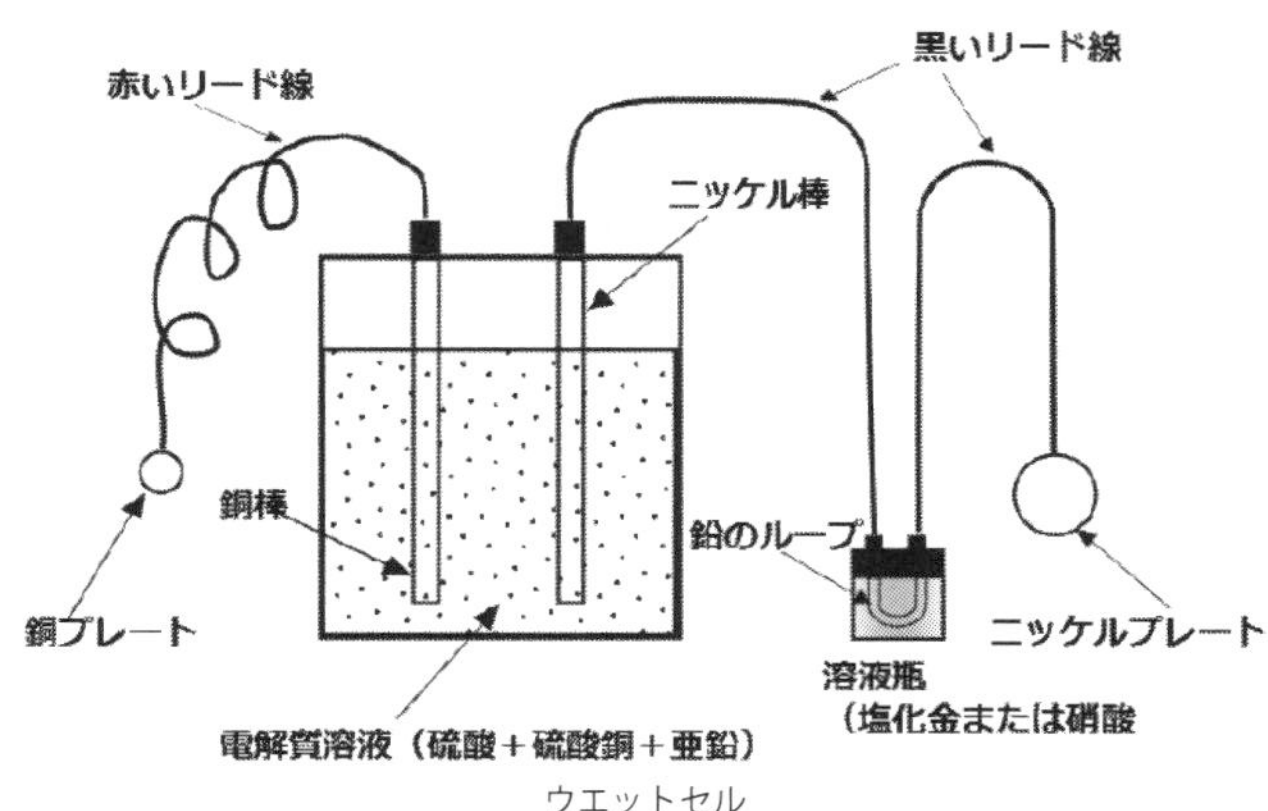

ウエットセル

とにかく、このような組み合わせの装置です。

ウェットセルは体のどこに装着するかというと、赤い側は背骨につけます。ほとんどの場合、頸椎の３番か、胸椎の９番、腰椎の４番、この３パターンのうちのどこかに装着します。そして陰極の黒いケーブルのほうは乳び管叢のところ、つまり、おへそからちょっと右斜め上のところにつけます。十二指腸のあるところに装着するわけです。

この状態で約30分間静かにしています。そうすると、ウェットセルの電気と溶液の波動が体に入ってきて、内分泌腺を適切に刺激する。それによって、内分泌腺にトラブルが生じていたタイプの認知症の治癒が進みます。

実際にアメリカのエドガー・ケイシー財団で、この方法で劇的に認知症を治した人がいます。その人は10分前のことも覚えていられなかった。自分がどういうことを経験したかいちいちノートに書いて、それをしょっちゅう見ないと、自分のきょう一日の生活がわからないという状態だった。でもその人は、ウェットセルを一生懸命実行したことによって、頭の働きが戻って、その後、大学を卒業しました。かなり高齢の人でしたが、大学に入り直して勉強されたのです。この人は、相当に進行した認知症から回復したわけです。

インピーダンス装置の実例でいうと、私の定期講座に出ておられる方のお母さんが認知症になった。お味噌汁をつくることもできなくなって、毎日、塩とかしょうゆで味付けされた「味噌汁」が出るようになった。インピーダンス装置の講座を受けたばかりだったので、さっそくお母さんに試したところ、これが劇的に効いたそうです。まもなく、元のお母さんに戻り、お味噌汁もつくれるようになったそうです。

現代医学は一度認知症になると治らないと考えていますが、認知症の根本原因を知り、それに対して適切な治療を施せば、認知症も治る。エドガー・ケイシーはありがたいことに、その治し方をリーディングという形で教えてくれました。すばらしいですね。

## ◇ケイシー療法でもたらされた奇跡

神経系の病気について皆さんにご紹介したいすばらしいエピソードがあるので、それについてお話をしたいと思います。

ニューヨークに住んでいた郵便局の局長さんがいました。この人は40代後半で、非常に温厚な人だったそうですが、ある日を境に、人が変わったように暴れるようになった。病院に行くと、統合失調症と診断されて、その当時ニューヨークにあったとても大きな精神病院に収容されました。当時、精神病院は、それこそ収容所みたいなところだった。治って出るという発想はほとんどなかった。入ったら二度と出られない。そこで死を待つという感じの場所でした。その人が入ったところには、約３０００人の人がいたそうです。どれだけ精神病の人が多かったか。

記録によると、その人は非常に温厚だったのにもかかわらず、あるときを境に奥さんに暴言を吐くわ、暴力を振るうわ、そして子どもが3人いたそうですが、長男を危うく殺しそうになる。どれほど激しい暴力を振るったか想像つきますよね。精神病院に入院させた後も、その人の家族が心配して、いろいろ探しているうちに、エドガー・ケイシーのことを知って、リーディングをお願いした。

エドガー・ケイシーは、精神病院の病室の番号を言われて、リーディングをするわけですが、まず言ったのは、この人がこの状態になったのは、脳に原因があるわけではなく、スケートをしたときに滑ってしたたかに尾てい骨を打った。その尾骨が今でもひずんでいて、そのひずみのために統合失調症、精神分裂病になっている。その尾骨を矯正すれば、この人は治ると言ったのです。

それで病院を退院させて、整骨の先生にみてもらった。ニューヨークには当時、ドビンス先生というエドガー・ケイシーのことをよく知っている整骨（オステオパシー）の先生がいました。そこで調べてもらうと、ケイシーが透視したように尾骨が曲がっていた。それを手技で矯正したら、精神が急速に回復したんです。そして３カ月後には、元の職場に復帰しました。

それだけではなくて、ここからがまた驚くべき話になります。

エドガー・ケイシーを信奉するドクターがニューヨークに３人いました。彼らはエドガー・ケイシーのリーディングによって、これまで治らないと思われていた病人が次々と治ったのを実際に体験していた。１９４０年代の初めに、この３人のドクターが集まって、ニューヨークでエドガー・ケイシー療法がどれほど有効かというシンポジウムを開いて、自分たちが治療した劇的なケースを発表したんです。

ケイシー療法のすばらしさを証明するためのシンポジウムが行われる日、これからまさに開場になろうというときに土砂降りの雨が降り始めた。たまたまある女性がそこを歩いていた。彼女は土砂降りになったので慌てて近くにあったホテルのロビーに入った。そこで不思議な治療法についての講演会があることを知って、そのままつられて会場に入った。すると、ドビンス先生が統合失調症になった郵便局長を治したケースを発表された。しかも、発表が終わると、講演会場の後ろのほうで１人の男性が立ち上がって、「今、ドビンス先生が言われたことは真実です。なぜなら私がその元患者です」と言ったのです。エドガー・ケイシーも自分がリーディングして助けた人を目の前にして、嬉しくて涙を流していたと記録にあります。

それらの発表を聞いた彼女はものすごくびっくりした。なぜかというと、彼女には双子の妹がいて、画家として成功していたのですが、あるとき、画商と打ち合わせをした日から、精神に異常を来してしまった。記録によると、当時の精神科というのは、患者が頭を打ちつけても大丈夫なように、壁がマットになっていた。妹はそのマットを自分の指の爪で引きちぎるぐらい物すごく激しい暴れ方だった。

お姉さんはいろいろな治療法を探していたわけです。たまたま雨宿りのつもりで入ったところで、そのような講演があった。彼女は講演会が終わるのを待って、エドガー・ケイシーとドビンス先生、その他の支援者たちが集まっているところに行って、こうお願いした。「私には双子の妹がいるのですが、その妹がある日を境に考えられないような精神の異常を来してしまいました。お願いですから、私の妹のためにリーディングをとってください」と。

そうすると、そこにいた支援者の１人で、ユダヤ人のデヴィッド・カーンという人が「わかりました。私が一切の費用を持ちましょう」と支援を申し出てくれた。そしてシンポジウムで発表した３人のドクター達が「では、我々が責任を持って治療しましょう」と請け負ってくれた。そしてエドガー・ケイシーが「それでは、リーディングをとりましょう」と。こうして彼女の妹を治療するためのチームが結成されたのです。

すぐにリーディングがとられました。そのとき指摘されたのは、彼女は骨盤に大きな衝撃が残っている。その原因について、エドガー・ケイシーはしばらく答えなかった。後に、彼女がほとんど回復したあたりで、原因を言いました。それによれば、彼女と打ち合わせをするはずだった画商が、突然、彼女をレイプしようとした。彼女はものすごく抵抗して、そのときに骨盤をひどくゆがませたのだそうです。その骨盤のショックが統合失調症を招いている、と。

記録によると、彼女は黒い傘を持った男性を見ると、精神に激しい異常を来したそうです。どうやらその画商は、その日、黒い傘を持っていたらしい。その黒い傘を使って暴力を振るったのかどうか、そこまでは不明ですが、とにかく彼女はそれ以降、黒い傘を持っている男性を見ると精神が激しく動揺した。画商が彼女を襲おうとした。それに激しく抵抗した彼女は、その結果として骨盤をひどくひずませてしまった。

エドガー・ケイシーが原因を指摘して、それを正す治療を施したところ、彼女は劇的に治った。そして、その後のライフリーディングで、「あなたは前世でルーベンスの弟子だった。だから、今回の人生でもルーベンスの画法を勉強しなさい」と言われた。彼女は精神病院を出ると、実際にルーベンスの画法を勉強し始めました。そうすると、めきめきと画力が上がって、ニューヨークで個展を開くような有名な画家に戻りました。彼女の名前はアン・ニューマックさんといいます。彼女の残した作品は、最近また注目されているそうです。そして彼女は病院を出てから2年後、エドガー・ケイシーの肖像画を描いてくれました。これが見事な肖像画で、エドガー・ケイシー財団の書庫におさまっています。

双子のお姉さんがたまたまニューヨークのホテルの前を歩いていたら、いきなり雨が降ってきた。やむなくそのホテルのロビーに駆け込んで休もうと思ったら、そこでエドガー・ケイシーの講演会をやっていた。これを偶然と言っていいんですかね。私には神様がそう仕組まれたとしか思えないです。お姉さんは、「どうか妹の精神病が治りますように」といつも神に祈っていた。その祈りが神に届いて、神がその祈りに応えてくださった。そう考えるのが妥当ですよね。彼女はたまたまそのホテルの前を、特別目的もなくブラブラ歩いていたわけです。雨が降ってきたからホテルに入ったら、そこにドビンス先生がいて、ケイシーがいた。そしてユダヤ人の資産家がいたので、治療費まで出していただけることになった。偶然ではありえない。神のなさることは、まことに驚くべきです。

## ◇日本での治療の実例

私はケイシーが残したさまざまな神経系の病気の治療法は、本当に優れた治療法だと思っています。私自身、いろいろな人に試してみて、よい成果が出ています。例えば、息子さんが統合失調症だという人がおられました。お話を聞いて、私はすぐに

「背骨の状態が悪いはずです。整骨療法の先生のところでみてもらってください」と言いました。彼女が近くに優秀な先生がいないと言うので、螺旋を描くようなオイルマッサージをしてくださいとやり方を教えました。彼女はそれをちゃんと真面目にやってくれました。

彼女が言うには、最初、子どもは背中をさわられるのを非常に嫌がったそうです。ましてそこにオイルをすり込まれるのをとても嫌がった。ところが何回かやっているうちに、だんだんとそれが自分の精神にとてもよいということがわかって、最近は本人から来るようになった。自分で背中を出して、オイルマッサージをしてくれと来るようになった。それまでは精神が非常に不安定で、奇声を上げたりしていたのが、最近は心がとても穏やかになったとのことで、私はそのままいけば、相当に改善すると彼女に伝えました。その後、どうなったかわからないですが、おそらく内分泌腺まで症状が進行しているので、背骨の調整だけでは完全には治り切らないかもわからないです。それでも、相当によい方向に行くはずですし、そこに将来プラスして、ウェッﾄセルでも使ってくだされば、さらによい成果が出るはずだと私は思っています。

このように、我々がその原因を知って、適切なアドバイスを提供することができれば、今でも驚くべき成果を得ることができる。ありがたいですよね。

さて、一通り、てんかん、統合失調症、認知症のお話をいたしました。何かご質問がありますか。

## ◇質疑応答

**質問者Ａ**　先ほどのインピーダンス装置というのは、腎臓透析をしている人は使えないですか。

**光田**　透析は、全然問題ないです。大丈夫です。金属を入れていても、多分大丈夫なはずです。

**質問者Ａ**　透析をするために、動脈と静脈をシャントでつなぎますよね。

**光田**　脈はとれますか。脈がとれれば大丈夫です。あるいは、脈がとれるところにつけ直せば大丈夫です。できるだけ末端につけたほうがよいですが、脈がとれれば大丈夫です。

**質問者B**　1つは、認知症と統合失調症とかそういうものの食事療法とかケアの仕方は、基本同じと思っていいですか。

**光田**　基本的には同じですが、認知症の場合には、アルミの注意が追加されますね。統合失調症とてんかんは、ほとんど同じですが、35歳までのてんかんの場合にはパッションフラワーのハーブを使うことが追加されます。統合失調症は、ケイシー療法の他の食事療法とほとんど同じです。

**質問者B**　今回お話を伺って、背骨がどれほど大切かということが身にしみたんですが、先生がご推薦される背骨を矯正できる先生はいらっしゃらないんですか。

**光田**　もちろん、いますよ。

**質問者B**　教えていただきたいです。

**光田**　お住まいの近くの治療師がいいので、ケイシーセンターに問い合わせてみてください。場所にもよりますからね。東京都内であれば5〜6人おります。しばらく通うことになるので、お近くの治療院がいいです。

エドガー・ケイシーによれば、整骨治療を受けたならば、できたらそのまま1時間はそこで横になって休んでいるのがいいんです。そういうベッドを用意しているところだと、なおよいです。1時間くらい動かない。整骨を受けても、すぐに動き回ると、よろしくない。電車にでも乗ろうものなら、またずれちゃいますからね。そういうことがないように、1時間くらいじっとしておく。ずれがひどい場合には、それこそコルセットをつけるとか、さらしを巻くみたいなことをしながら、その状態を維持するんです。とにかく、背骨がずれている場合には、早めに手当てをしたほうがよいです。そして1カ月くらいは少なくとも週2回くらいのペースで集中的に整骨を受けるのが理想です。

**質問者C**　主人が3週間ぐらい前から、寝違えたと言って、いつもだったらマッサージに行くのですが、実は主人は脊髄の圧迫骨折をしていまして、私もそれがちょっと心配になりまして、こちらでオイルマッサージを習っていましたし、セラピストの石河（里絵子）先生のところでも教えていただいたので、毎晩でもないんですがやりました。初めのころは、うつぶせにできないほどひどくて、石河先生にメールで伺ったら、椅子にかけてやるといいと。それでやり始めまして、最近はうつぶせに寝られるようになりました。主人から腕が上がったとお褒めの言葉をいただいて、メールで予約が入るようになりました（笑）。それでだんだんよくなってきました。ただ、背骨の圧迫骨折をしたのがアメリカだったので、アメリカでは骨折は病気じゃないから入院させてくれない。勝手に自分で静養していろと。とにかく自分で絶対安静にしていなさい。転んだら命がないかもしれないと脅かされました。そういう事故がなくて、今に至っているのですが、これはやはりずっとオイルマッサージをし続けて、そのうちもっとちゃんとうつぶせができるようになったら、湿布もしたほうがよろしいのでしょうか。ひまし油パックでアンカを使って温めるとか。

**光田**　何日かオイルマッサージをやったら、数日休んで、休んでいる最中にひまし油パックを3日くらいやったほうがいいですね。肝臓ではなくて、脊髄の圧迫骨折をしているところに、直接ひまし油パックを当てます。ヒーターを当ててもよいし、場合によって使い捨てカイロみたいなものでもよいし、とにかく熱くする。それを1日1時間、3日くらい連続で行う。肝臓に当てるわけではないので、オリーブオイルは飲んでも飲まなくてもよいですけど、飲んだほうがよいかもしれない。

**質問者C**　私も初め、オイルマッサージというのはただ美容のためにするものだと思っていて、主人もそんなように思っていたようなので、体内に浸透するまでの時間の表をいただいていたので、まずそれを見せて納得させて、それから、体内からこういう要らないものを排出するんだよということをしつこく言いました。特に男の人は、オイルマッサージというのはちょっと抵抗があるみたいなんですね。

**光田**　それはなれの問題ですよ。私はやってほしい。

**質問者C**　最近は、とにかくご機嫌です。おかげさまで。

**光田**　あとはひまし油パックですね。ひまし油パックをすると、毒素の排泄が促されるので、オイルマッサージをすることによってたまっていた毒素も早く出るはずです。なので、定期的にひまし油パックを入れるとよいです。しばらくオイルマッサージをしたら、今度はひまし油パックという具合にやる。本当は整形の先生がきちんと治してくれればよいのですが、みてくれないのであれば、そういう方法でいけると思います。私の知っている人で、ひどい圧迫骨折の人が、ひまし油パックで劇的に改善したのを知っています。

**質問者D**　私の息子のことなんですが、息子が統合失調症で35歳なんです。きょう、お話を初めて聞きまして、非常に参考になりました。

きょうのお話から、多分背骨のゆがみと憑依とストレスだと、私は自分勝手に思ったのですが、何とかおとなしくなればそういう治療ができるのですが、今はそういう状態じゃないんです。病院と相談して、静かになるお薬を内緒で投入して、今おとなしいので、まあやれなくはないとは思うのですが、そういう自分からやらない息子に対して、どうやってやるか。オステオパシーは、私が通っていますから、そういう先生は存じているので、そこに連れていきたいのですが、何かいい方法があれば。

**光田**　ぜひ連れていってください。

**質問者D**　本人は行かないと思います。

**光田**　一緒に連れ立って行ければよいのですがね。さもなければ、子どもさんが眠った段階で、最初はこっそりと背中にオイルをすり込んでしまう。

**質問者D**　35歳の男で、でっかいですから、とてもできないです。

**光田**　ご主人がヘルプして、背中に。

**質問者D**　だめですね。

**光田**　相当暴れますか。

**質問者D**　暴れはしないですけど、「ふざけんな、何やってんだよ」という感じです。

**光田**　憑依の可能性はありそうですか。

**質問者D**　私が通っているオステオパシーの先生は、憑依されているよとおっしゃっていました。

**光田**　じゃ、実際にはバイオレットレイをつけるか、手当て療法をできればよいのですが、本人がそれを受け付けないとなると、あとは十数人が集まって、その人のために祈る方法があります。できれば祈るグループがどこかに集まって、その人に念を向けて、中に入っている霊に対して、そこから出なさい。あるいは、出なさいというよりも、息子さんの体に光が充満しているというイメージをみんなで送るんです。そうすると、実際に光が体内にこもり始めて、それによって霊が嫌がり始める。お祈りは、4週間くらい続ける必要があります。

**質問者D**　毎日ですか。

**光田**　毎日です。もしも症状がひどい場合は、それこそチェーンプレーヤーといいますが、時間帯を決めて、24時間、途切れることなく誰かが祈っている状態をつくる。そうして、霊にそこが居づらい場所だということを教えるという方法も良いかもしれませんね。

あとは食事療法で、気持ちが落ちつくような食事にする。

**質問者D**　食事は、今おっしゃっているような食事にしています。私ががんになりましたから、おっしゃっているのは全部、息子も私も一緒にやっています。

**光田**　甘い物とか食べてないですか。

**質問者D**　今まで食べていましたが、2人でやめました。

**光田**　コンビニ弁当とか食べてないですか。

**質問者D**　全く食べてないです。玄米も食べています。

**光田**　じゃ、あとは憑依霊を外すことと、バイオレットレイでビーッとできればよいんですけどね。

**質問者D**　精神科病院で内緒で薬をもらって、落ちつく薬を内緒でニンジンジュースとかに入れて飲ませているのですが、薬はやっぱりよくないですね。

**光田**　35歳であれば、まだパッションフラワーが有効かもわからないです。パッションフラワーはハーブとしても売られています。パッションフラワーのお茶でもよいです。発症はいつですか。

**質問者D**　21歳です。もう14年です。

**光田**　そうですか。そうすると、前世から持ち越してきた何かが原因かもわからないですね。

**質問者D**　仕事はごまかし、ごまかしずっと続けてはきたのですが、今はちょっとひどくなってやめました。クビになりました。

**光田**　仕事が続けられるくらいであれば、本当は脊柱に早くオイルマッサージか、あるいは整骨をしたほうがいいですけどね。そうすれば、もっと改善する可能性があると思います。

第 2 部

# ケイシー療法と神経疾患 II

（パーキンソン、ALS、筋ジストロフィー、多発性硬化症など）

## ■神経疾患の難病には「螺旋的プロセス」で取り組む！

ここからは神経疾患の中でも、ＡＬＳや筋ジストロフィー、パーキンソン、多発性硬化症など、現代医学がほとんど有効な治療法を見出していない難病の神経疾患について、ケイシー療法ではどのように取り組むのかお話しいたします。

神経系の難病に取り組むには、まず前提として知っておかなければならないことが幾つかあります。

まず、難病というのは、その人が長い間患っているうちに、ある種、体質になってしまっている、ということです。そのために、特定の状態だけを治療しても、体の他の部位にかえって負担が増える。例えば、血圧が高いからといって降圧剤で血圧をコントロールすると、それまでの血圧で維持されていた他の臓器の働きが低下するようなことが起き、全体のバランスが崩れてしまう。そうすると、結局治療そのものがうまくいかない。

ケイシー療法には４つの原理（ＣＡＲＥ）がありますが、このＣＡＲＥのそれぞれの要素を少しずつ改善していくという考え方をします。大抵の場合行うのは、毒素の排泄が滞っているので、まず毒素の排泄を促す。ある程度毒素が排泄されたところで、今度は筋骨格系のバランスを整える。筋骨格系のバランスを整えると、これまでひずんでいた箇所から、毒素が体内に放出されます。なので、その状態でさらに治療を続けても、毒素で血液の質が低下しているので、はかばかしい成果が出ません。そのために、毒素排泄を行い、その次に筋骨格系の調整を行い、そしてまた毒素排泄を行う。これを何回か繰り返して、まずは筋骨格系のバランスを整え、そして血液の状態をよくする。これをしばらく繰り返します。もちろん、食事療法は体の状態に合わせて実行します。

体が治療に対して準備ができたところで、問題の状態に取り組むわけです。例えば、神経系であれば、神経を賦活するために分泌腺に刺激を加えるとか、そういうことをする。そういうことを、ある意味、螺旋的にやっていきます。ＣＡＲＥという要素のＥ（排泄）が出発点になることが多いのですが、毒素排泄の改善を心がけ、それから

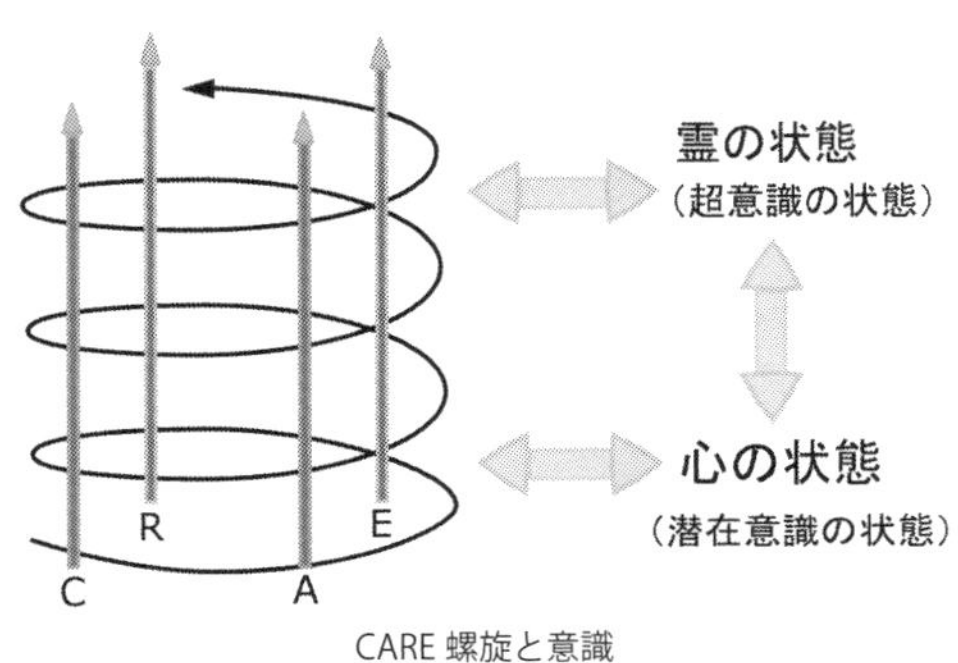


CARE 螺旋と意識

循環（C）の改善を心がけ、もろもろずっと螺旋的にやります。一通りよくなったところで、また毒素排泄を行い、循環のバランスを整え、そして分泌腺の状態をさらに刺激していく。ですから、状態としては、徐々に螺旋的に向上していくという形になります。

しかも、神経系の病気の場合には、肉体以外に、心の状態、感情の状態、場合によってその人が前世から引き継いできた霊的素因に原因があることも多いです。そうすると、前世から引き継いできたカルマも含めて浄化することを心がけなければならない。神経系の難病の場合には、短期間で成果が出ることはほとんどなく、大抵の場合、半年くらいから効果が出始めて、１年くらいかけて取り組む。場合によっては、２年、３

年かかることもあります。その人がどれくらい患っていたか。例えば20年くらい患っていた方が、半年で治ることはまずない。20年くらい神経系の病気を患っていたような方は、やはり1年、2年くらいはどうしてもかかる。それを見越した上で治療に取り組まなければならない。

とりわけ厄介なのは、最初の数カ月から半年くらいは、一生懸命取り組んだつもりなのに、全く成果が感じられない状態が続くことです。このときに信念がゆらぎ、やっぱり効かないんだと思って諦めると、せっかくよいところに向かっていたのに、また元に戻ってしまう。ですから、ケイシー療法で特に神経系の難病に取り組むときには、そういったことを織り込み済みで、強い決意で臨むことが必須です。

## ■難病治療と意識・潜在意識・超意識

前述のとおり、難病治療では、ＣＡＲＥの質を螺旋的に、徐々に上げていく。1つの要素だけを改善することはできない。ある程度毒素排泄ができたならば、今度はり

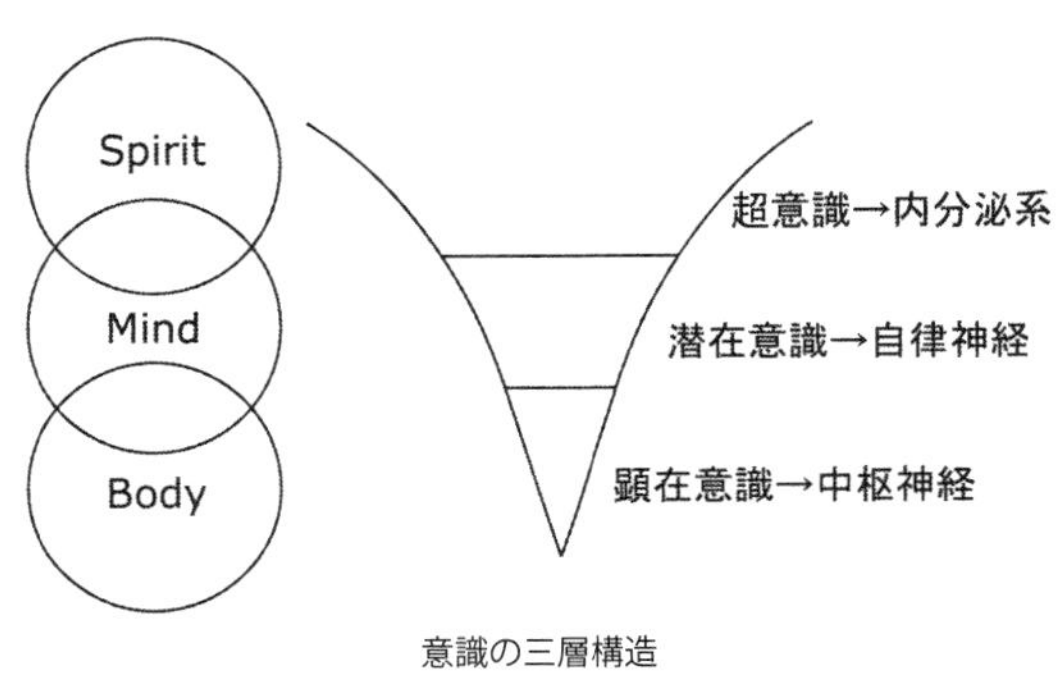

意識の三層構造

ンパの流れ、血液の流れを改善する。それらがよくなったならば、今度は電気療法を加える——そういったプロセスになる。

さらに神経系の難病の場合には、我々の意識状態がどのように神経系に作用するかを理解しておく必要がある。エドガー・ケイシーは、我々の意識は三層構造で考えるとよいと主張します。すなわち、表層のほうから順に、顕在意識、潜在意識、超意識です。

顕在意識とは、我々がふだん思考する領域です。顕在意識は中枢神経に作用する。中枢神経ですから、脳と脊髄を通って末端に行く運動神経であるとか、感覚神経といったものを顕在意識は支配している。

一方、潜在意識というのは、今回の人生で経験した

## 神経系・腺系疾患における意識の作用

| 顕在意識 | 自分の思考・思い癖・執着している感情 | 中枢神経 |
|---|---|---|
| 潜在意識 | 今生で経験したもののうち、抑圧している意識・情動 | 自律神経 |
| 超意識 | 過去生から引き継いできた意識・情動(カルマ）＋惑星の影響 | 内分泌系 |

意識と人体機能

もののうち、忘却したものや、意識に上らないように抑圧している記憶などがある領域です。潜在意識は自律神経に作用する。まずは、潜在意識は自律神経に影響することを認識しておく。

そして超意識は、我々が過去生から引き継いできた意識であり、あるいはカルマと呼ばれるものが入っている領域である。超意識は我々の内分泌腺に作用する。内分泌腺は、主要なものだけでも７つあります。脳下垂体、松果体、甲状腺、胸腺、副腎腺、ライデン腺、性腺です。他にも重要な内分泌腺がありますが、とりあえずエドガー・ケイシー療法で考えるときにはこの７つを考えます。この内分泌腺を通して、過去生から持ち越してきたもろもろの意識であるとか、カルマであるとか、情動が作用し始める。これがケイシーの主張です。

神経系の難病は、かなりの確率で、超意識にあるカルマが内分泌腺のトラブルとして現れることから始まります。内分泌腺の働きが低下する、あるいは過剰になる。すると、内分泌腺が支配しているさまざまな分泌腺が連鎖的にトラブルを起こす。

ケイシーのリーディングを調べる限り、神経系の疾病一般に当てはまることですが、神経そのものに原因があることは非常に少ない。ケイシーの主張によれば、むしろ神経を維持するために必要な栄養素を分泌腺がつくらなくなったことに原因がある。そうすると、神経細胞は栄養不足に陥る。リーディングの表現では、「神経が枯れる」。栄養素が徐々に不足して、最後は神経が枯れた状態になる。

この状態に至って、我々は神経系の病気として経験するわけです。パーキンソンならパーキンソンなりの出方があるし、多発性硬化症であれば多発性硬化症の形が出てくる。今の医学は、これを神経そのものにトラブルがあると考えて、最近では、ｉＰＳ細胞を使って神経組織を外で培養し、それを人体に戻したらいいんじゃないかという大胆な考え方で進んでいるみたいですが、ケイシー療法で考えれば、神経を幾ら取りかえても、最終的に内分泌腺が動かなければ、また枯れていくことになります。

このように、神経系の難病に取り組む場合には、まず体を螺旋的に改善していくということと、神経系は我々の意識と非常に深いかかわりがあるということを理解して、意識や感情を浄化することも並行して取り組む必要があります。

## ■具体的な治療プロセス

神経系の難病を、実際にどういうプロセスで治していくか、典型的なパターンを示すとこういう形になります。

まず食事療法を励行します。神経系の難病であれば、神経の再生・賦活に必要な栄養素を豊富に取り込むような食事を行う。新鮮な葉物の野菜（クレソン、セロリ、レタス）や、ニンジンです。また、神経系の再生賦活を阻害するような食べ物を極力排除する。具体的には、揚げ物と豚肉は禁食です。その他にも、白砂糖、炭酸飲料、アルコール類は極力控える。そして食事療法も、そのときの体の状態に合わせながら実行します。初期にはとても消化しやすいものを食べるようにして、徐々にそのときの状態に合った食事に内容を変えていく。ずっと同じ食事内容を続けるのではなく、改善の程度に合わせて食事内容を変えながら実行するということです。

そして、食事療法を実践しながら、毒素の排泄が不足している場合には、排泄経路の確保を行う。具体的には、腸内洗浄、ひまし油パック、首出しサウナがメインで行われます。

こういう形で、腸内洗浄、ひまし油パック、首出しサウナなどを使って排泄経路を確保する。排泄経路を確保するというのは、結局、リンパの働きを活性化するということです。排泄経路が衰えると、リンパの働きが衰えて、リンパ管が細くなる、あるいはリンパ管が消滅してしまう。そこにひまし油パックを施すと、体が慌ててリンパ管を太くし、リンパ管をさらに伸ばしていくようになる。今まで数が足りなかったところにリンパ管が造成されてくる。そうすると、体の中に十分な排泄経路ができるので、それ以降行われるさまざまな治療に体が対応できるようになる。もしも排泄経路にトラブルがなければ、そのまま筋骨格系の調整をすることもあります。

排泄経路が確保されて、筋骨格系にひずみがあるような場合には、オステオパシーあるいはオイルマッサージ、カイロプラクティック等によって調整を行う。体液の流れと筋骨格系は実際には別のものなので、大抵の場合、まず筋骨格系をオステオパシーあるいはカイロプラクティック等で調整し、そして体液の流れを改善するためにオイルマッサージをする。よくあるパターンは、オステオパシーをして、そしてその合間にオイルマッサージをする。基本的に、オステオパシーとオイルマッサージを同時にすることはあまりないです。大抵は分けてやります。数日オステオパシーを受けたならば、１日くらいあけて、今度はオイルマッサージを数日続けてみる。またオステオパシーをやって、少しあけてオイルマッサージをする。このように別々に行うことが多いです。これは多分、体が自己調整をするまでの時間を確保するという性質があるのだろうと思います。

排泄経路が確保され、そして筋骨格系の調整がうまくなされたならば、今度は分泌腺の調整と精神の状態の浄化を行います。分泌腺の調整は、軽ければインピーダンス装置を使いますし、重くなってくればウェットセルを使います。ここではウェットセルについて、詳しく説明します。神経系の難病の場合には、ウェットセルがほとんど中心的な治療法になります。

ウェットセルによる治療でとても重要なことは、装置を使う前に、心が十分にうららかになっている必要があるということです。例えば、誰かに対して強い怒りを持っていたり、誰かに恨みを持っていると、そういうときにウェットセルを使うと、かえって体に害があるというのがケイシーの主張です。ウェットセルという電気装置を使うときには、それ以前に十分に心が浄化されていなければなりません。

このような形で取り組んで、これらをうまく組み合わせながら、徐々に螺旋を描くように改善していく。そうすると、今まで反応しなかった分泌腺が徐々に反応し始め、枯れていた神経に栄養を補給するようになり、最終的には神経が回復するようになります。

## ■神経系の難病とウェットセル

### ◇聖書の信仰とウェットセルによる治癒例

神経系の難病の中で一番厄介だと言われるものにＡＬＳ（筋萎縮性側索硬化症）があります。我々の知り合いで１人、ケイシー療法でＡＬＳを完全に治したアトキンソンという人がおります。のちほど詳しくご紹介しますが、彼は全く体が動かなくて寝たきりの状態で、首もほとんど動かず、わずかに眼球が動く程度でした。娘さんに勧められて、エドガー・ケイシー療法に取り組むようになるのですが、数年はケイシー療法をいかがわしい治療法として否定していたそうです。しかし、いよいよ病状が最終段階に入ったところで、他に治療法もなく、それではというのでケイシー療法に取り組む決意をされました。

神経系の難病の治療では、ほとんどの場合、リーディングは聖書を読むことを要求します。この「聖書を読みなさい。特に出エジプト記19章と申命記30章を読みなさい」というリーディングの指示に反発を覚える方も多いです。彼もその１人であったわけですが、いよいよ病状が最終段階に入ったところで、初めてその指示に従ってみた。そして、指定された箇所を読んで愕然としたそうです。なぜなら、そこに自分の誤った生き方が明白に指摘されていたからです。自分の生き方は神の祝福から離反するような生き方だった。そのことを思い知らされた。そのことに気がついて、まずは教会に通うようになり、信仰を得て、そしてウェットセルに取り組んだ。

信仰を得て、しかも信念をもって取り組んだのですが、それでも2カ月はまったく治療効果を感じることがなかったそうです。しかし3カ月経ったところで、ある日一瞬だけ指に力が入った。ピクンと筋肉が動いた。そのときに、この治療で神経が回復することを確信したそうです。

それからは日を追うごとに力を持続できる時間が延びてきて、半年後くらいには立ち上がり、1年後には庭仕事ができるまでになった。この人はそのことを非常に感謝し、恩義に思われて、それからは神経系難病の人の電話相談をするようになりました。自分がどうやって治ったかを、神経系難病で苦しんでおられる方々に伝えたのです。

この方は4~5年前に、がんによる衰弱で亡くなられましたが、その間、10年近く、

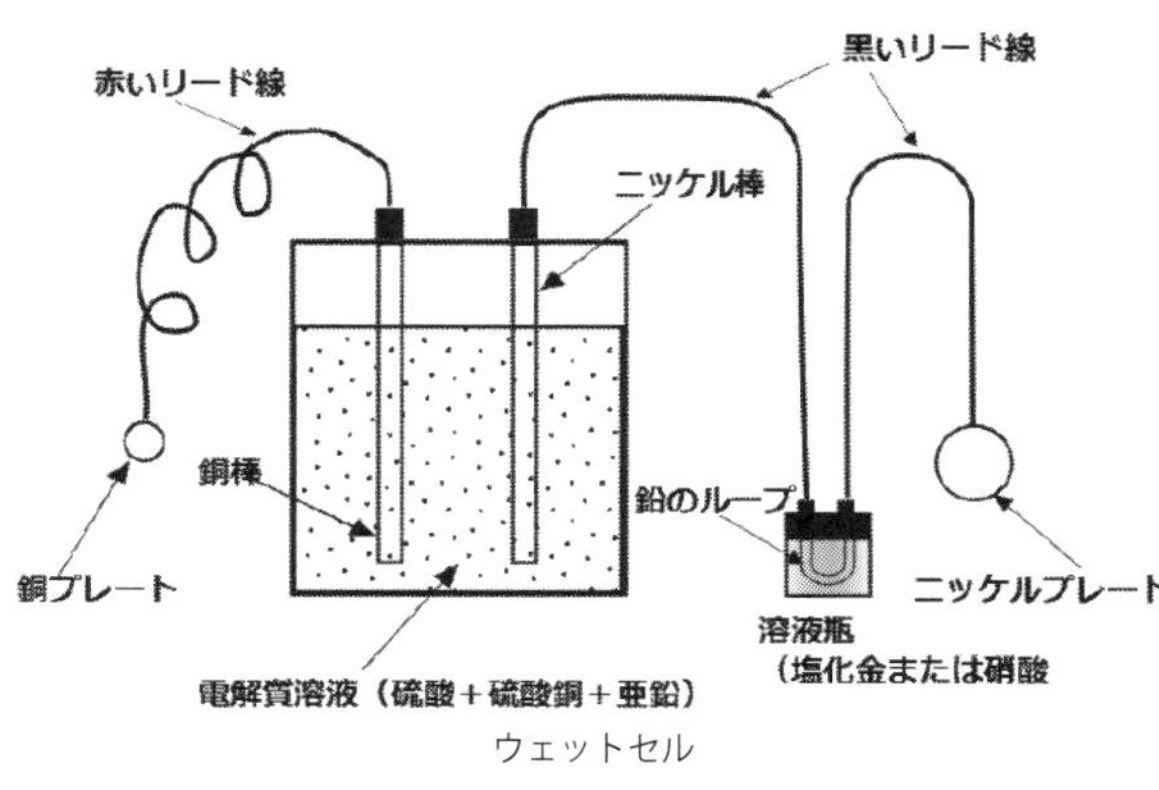

ウェットセル

ボランティアで病気の方々の相談に乗っておられました。そういう意識が芽生えたからこそ、神経系の病気も治ったのだろうと私は思います。

## ◇ウェットセルの使い方

さて、ウェットセルという装置ですが、構造は上図のようになっています。

大きさはバケツくらいです。それくらいの大きさの容器に硫酸銅と硫酸を溶かし、その中に、２種類の金属を差し入れます。２種類の金属を入れると、イオン化傾向の違いによって、その両端に電圧が発生します。これは高校で習ったはずです。

例えば、ミカンに2種類の電極を差すと、ミカンでも十分に電圧が発生する。そのように、酸の中に種類の違う金属を2種類差し込むと、電圧が発生します。

ウェットセルの場合は、ニッケルと銅の金属棒を差し込みます。そうすると、両端に50ミリボルト程度の電圧が出ます。私はこの50ミリボルトを測定したときに、ハッと思ったのは、神経の電気信号が神経繊維を伝導するときには、最低50ミリボルトくらいの電圧が発生しなければならない。いってみれば、ウェットセルは、神経が次々にインパルスを送り込むために必要最低限の電圧をつくっているような感じがしたんです。これが将来、証明されるかどうかわかりませんが、私はそのように思っています。

この電圧の上に、金あるいは銀、またはヨウ素あるいは樟脳の波動を加えます。エドガー・ケイシーは、金と銀あるいはヨウ素は直接飲んでもよいけれども、それは体に負担があるので、一番よいのは波動的に人体に送り込むことであると言って、ウェットセルという装置のつくり方を教えました。

神経系の病気が進行しているということは、幾つかの分泌腺が働きを停止している、あるいは働きを低下させているわけです。それらの分泌腺を金あるいは銀の波動によって刺激して、分泌腺が神経に必要な成分をつくるように仕向けるのです。必要な化学成分ができたところで、次は、これを速やかに身体各部に分配するようなオイルマッサージを施す。大抵はピーナッツオイルを使いますが、場合によってピーナッツオイルとオリーブオイルの混合であるとか、オリーブオイルとミルラチンキとか、そういう組み合わせで行うこともあります。大抵はピーナッツオイルで大丈夫です。ピーナッツオイルを使って、神経に必要な成分が全身に行き渡るようにマッサージします。

ウェットセルキット

ウェットセルキットを購入しますと、こういうものが送られてきます。これはアメリカのバー社という、ケイシー療法を専門に扱っている会社がキットとして販売しているものです。中央にあるバケツのようなものの中に、６リットルほど精製水を入れて、さらに硫酸と硫酸銅を溶かします。そこに、下に見えている２本の金属の棒——銅の棒とニッケルの棒を差し込みま

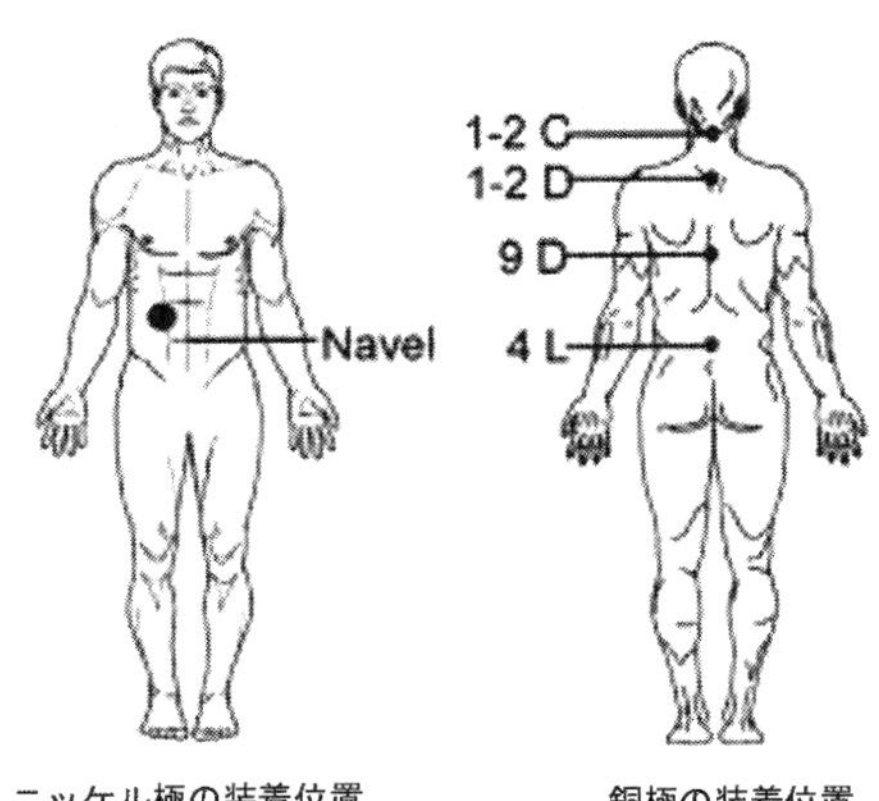

ウェットセル装着位置

す。そうすると、その両端に約50ミリボルトの電圧が発生します。あと幾つか、それに付随する部品が見えていますが、これでワンセットです。

日本で購入すると、為替レートにもよりますが、大体7～8万円くらいです。日本製のものができればいいのですが、今のところはアメリカから輸入しています。

そして両端からケーブルを出します。銅極側とニッケル極側から出しますが、銅側をプラスの電極、ニッケル側をマイナスの電極と考えます。

プラス側の銅極は脊柱のどこかに装着します。候補となる椎骨は3つから4つくらいあって、そのうちのどこかに装着します。それは病状によって、あるいは使う溶液によって決まってきます。胸椎の９番（Ｄ９）、あるいは腰椎の４番（Ｌ４）が多いです。それ以外には頸椎の２番（Ｃ２）、３番（Ｃ３）が候補になります。症状によって場所が変わってきますが、背骨に装着するのは変わりません。

ニッケル側から出ているマイナス極は、終端にニッケルの大き目の極板がついています。これを乳び管叢のところにつけます。乳び管叢というのは、胆嚢から出てくる胆管が十二指腸に入ってくるあたりにあります。すなわち、胆汁が出てくるあたりにニッケルの電極を装着します。おへそから少し右斜め上のところにあります。人にもよりますが、おへそから自分の指の幅３本右に寄ったところ、それからさらに２本から３本上に上がったところです。肋骨の下のあたりになります。

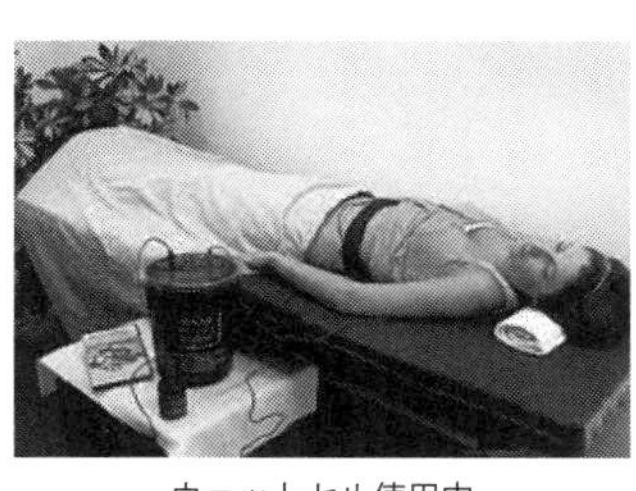
ウェットセル使用中

実際につけている状態を写真でお見せすると、こんな感じになります。溶液の装置を近くに置いて、マイナス極はおへその近くの乳び管のところ、プラス極は背骨に装着します。この状態で約30分、静かにしています。ある意味、瞑想状態のような形です。そして神経の賦活に必要な材料が体内でつくられるのに任せます。不思議な装置でしょう。でもこれで、重度の認知症とか、筋ジストロフィーとか、いろいろな人がよい成果を出しています。エドガー・ケイシーは驚くべき情報を与えてくれましたね。

## ◇ウェットセルを使うときの注意点

インピーダンス装置も少し手間がかかりますが、ウェットセルはさらに手間がかかります。このケーブルも、やはりクロスしてはいけません。黒のケーブルと赤のケーブル（プラスのケーブルとマイナスのケーブル）はクロスさせてはいけない。保管するときも一緒にしてはいけない。

さらにおもしろいのは、金の溶液で使ったケーブルは、それ以降もずっと金用に使わなければならない。銀を使ったならば、ずっと銀のケーブル専用にしなければならない。そのため、溶液の数だけ赤と黒のケーブルが必要になります。我々が習っている電気の常識からすると全く理解不能ですが、精妙なエーテルの世界まで踏み込んだ治療法なので、溶液の種類ごとにケーブルを用意しなければならない。金の波動を通したケーブルはずっと金用に使う。銀の波動を通したケーブルはずっと銀用に使う。

ただしウェットセルは、別の人にも同じケーブルを使うことができます。個人ごとに切りかえる必要はなくて、溶液ごとに切りかえる必要がある。インピーダンス装置の場合は、個人に限定されます。ウェットセルはケーブルそのものは個人に限定しなくてもよくて、溶液ごとに限定する必要がある。

このように装着して、30分間じっとしている。敏感な人になると、流している最中に背骨がピキピキピキッと鳴るそうです。背骨の中を何かが通っているという感じがして鳴るそうです。健康な人がやっても、多分何も感じないと思います。私は何回も自分に試しましたが、電気を感じたこともないですし、背骨が伸びると感じたこともないです。実際にトラブルがある人が使うと、背骨がピキッとか、ミシッとか、戻るような感覚がすることもあると聞いています。すべての人がそういうわけではないですが、そういう人もいたということです。

ウェットセル装置について、もう少し細かいことを言えば、電極は極めてクリーンでなければだめなんです。そこに錆や人体の脂がついていると流れないそうです。時々、エドガー・ケイシーに装置が機能してないみたいですと言う人がいた。そういう場合、エドガー・ケイシーは「あなたの電極は汚れている」と言うことがありました。ですから、電極は極めてクリーンにしておく。エドガー・ケイシーは「使用する前と後に、必ず紙ヤスリで電極を磨いてきれいにしておきなさい」と言ったくらい、電極のクリーンさは重要です。

もちろん、装着する人体の側もきれいでないといけません。脂で汚れていたりするとよろしくないので、お風呂に入れないような人の場合は、背中をアルコールで拭いておくとか、装着する部位をきれいにしておきます。実際、ウェットセルを使うような状態の人は、お風呂に入れないことが多いです。誰かの介助があって、やっと週に1回くらいお風呂につかるというような状態の人が多いですから、実際に行うときには、多分背中をアルコールで拭くという形になります。接触面をきれいにしておいてから、電流を流すと、我々がまだ理解していないレベルのエネルギーが人体に流れる。通常は、ウェットセルでの治療が終わったならば、直ちにオイルマッサージを行います。電極を外したら、うつぶせになってもらって、セラピストがマッサージを行う。ですから、ウェットセルは単独ではできません。必ず誰かの介添えが必要です。１人ではできないので、必ず誰か手伝ってくれる人が必要です。

先ほどお話ししたＡＬＳを治した人の場合は、家族が時間割をつくっていて、きょうはお母さんの担当、きょうはお姉さんとか、順番にお父さんのところに行ってウェットセルを実行したそうです。それでも足りないときは、アルバイトを雇って、使い方を教えておいて、その時間にやってもらった。それくらいやると、この装置はちゃんと機能します。

## ■パーキンソン病

### ◇ケイシー療法から見たパーキンソン病の原因と治療法

それではこれからパーキンソンに対するケイシー療法をお話しいたします。パーキンソンについては私もこれまでいろいろな方から相談を受けました。手足が震えて歩行が難しくなり、お箸も持ちにくいといった状態での相談が多いです。西洋医学的には原因は不明であり、有効な治療法もないという状態です。病院に行けば、どこまで進行したかチェックしてもらうくらいで、こうすれば治るという具体的な方法はありません。

パーキンソンに関して、エドガー・ケイシーは50人の人に対して、約90件のリーディングを与えました。若い人は23～24歳くらいの人もいます。通常は60歳、70歳くらいからパーキンソンを発症する人が多いですが。現代医学的にはパーキンソンの原因は不明となっていますが、エドガー・ケイシーは幾つかの原因が合併してパーキンソンになると主張しています。

１つには、過去に感染したことがある。病原菌による感染があって、それがカルマと組み合わさって消化器系を乱す。

その人の持っている人生観も寄与します。どういう人生観が狂わせるかというと、人生の目的はお金を稼ぐことだ、のような発想ですね。何でもお金で考えるような人生観を持っていることが原因でパーキンソンを発症する人もいる。自分の人生を誰かのために役立てようという発想が少なくなればなるほど、そういった病気になりやすい。

あるいは、感情のしこりです。過去に起きたことに対して、感情のしこりを残している。恨みであるとか、怒りであるとか、憎しみであるとか、そういったものを持っていると、それが結局、消化器系をひずませ、分泌腺を乱す。内分泌腺を乱すと、結局、神経の賦活に必要な成分を産生できなくなる。これらがパーキンソンの原因だとエドガー・ケイシーは主張します。

パーキンソンを治すときに勧められるウェットセルの使い方は、金と銀、あるいは金とアトミダイン、あるいは金と樟脳を交互に使用するというものです。ある日、金を使ったならば、翌日は銀。あるいは、ある日、金を使ったならば、翌日はアトミダイン。このように金と銀を交互に行うか、金とアトミダインを交互に行うか、金と樟脳を交互に行うという形で体に波動を送ります。

パーキンソンはここで取り上げる神経系の難病の中では比較的治しやすい部類なので、インピーダンス装置で治ることもあります。ですからパーキンソンは、発症して早い段階であればインピーダンス装置で治してしまうか、あるいはバイオレットレイという電気装置も有望です。

ウェットセルで波動を肉体に送ったならば、できるだけ速やかにオイルマッサージを施して、波動の効果を全身に送り込みます。そして、これと並行して、首出しサウナを時々行います。神経系の病気の中でも、パーキンソンの場合は全身の毒素排泄が非常に重要になるので、全身の毒素を出すために首出しサウナを時々行います。

しかし、何よりも重要なのは、祈りと瞑想を毎日行うことです。祈りと瞑想が欠けていたならば、パーキンソンは治らない。エドガー・ケイシーは、祈るような気持ち、瞑想するような気持ちにならないのであれば、ウェットセルを使ってはならないと言

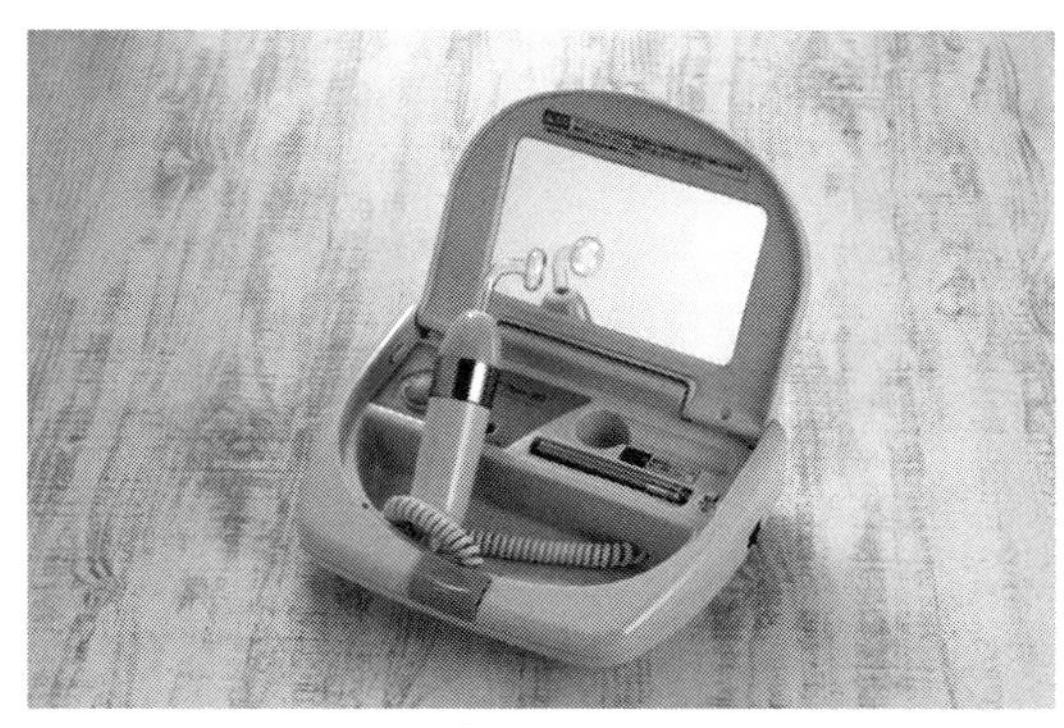
バイオレット

ったくらいです。なので、その人の様子を見て、この人は祈りと瞑想を行うだけの気力が出るだろうか。もし出そうになければ、ウェットセル療法はお勧めしません。

ウェットセルの他に、バイオレットレイが指示されることもあります。写真のバイオレットレイは日本製のものです。名目上は美顔器として売られています。

日本製のものはちょっと出力が弱いんです。というのは、この装置はかなり強い電磁波を出すので、近くにテレビやラジオがあるとものすごい雑音が入ります。そのため、日本の電波法で許されるギリギリの電磁波に抑えられています。私が昔から使っているのはアメリカ製です。日本製に比べると、出力は数倍強いです。
この装置を使うときにエドガー・ケイシーはアルコールに関して注意を促しました。バイオレットレイを使う日は絶対にアルコールを飲んではいけない。体内にアルコールが1滴でも入っていると、この装置はかえって有害であると言っています。他の電気装置も基本的に同じです。アルコールと電気療法は両立しないので、インピーダンス装置もウェットセルも、アルコールは禁忌です。とりわけバイオレットレイは、それが厳しく言われます。

## ◇質疑応答

**質問者**　飲んだ後じゃなくて、飲む前もだめなんですか。1日だめということですか。

**光田**　避けたほうが無難です。飲んだ後はとりわけだめですが、使う日は飲まないほうがよいです。バイオレットレイの波動が残っているところにアルコールが入ってくると、有害な反応を生じる可能性があります。

**質問者**　肌の面が濡れていたほうがいいということはないんですか。

**光田**　濡れていると、逆にきついです。実際には、少しずつ滑らせながら当てます。1カ所に長時間置いておくと、かえって血流が過剰になってしまうので、少しずつずらします。通常は脊柱にやることが多いです。エドガー・ケイシーの主張は、これを当てたところは、どこであれ、そこの血流を増大させる。そこの場所の波動を高める。

人体には最大で1日3分、なれた人で5分くらいです。なので、よく自分で案分して、きょうは腰痛と肩凝りをやろうと思ったならば、肩に2分、腰に1分と、全部で3分以下になるように調整します。

バイオレットレイにはさまざまな効能があって、例えば、白内障などにも使えます。目を閉じて、瞼（まぶた）の上に直接当てる。ちょっと怖そうですが、実際には肌にやるのと全く変わりません。ただし白内障の場合、これを使うときに注意しなければならないのは、その人の血液がきれいでなければだめだということです。血液が汚れている人が行うと、かえって目の中にゴミがたまり、白内障が進行してしまう。それから、やりすぎてもいけない。片目に1分ずつくらい当ててくださいねと言っていたにもかかわらず、1分で効くんだったら、2分当てればもっと効くんじゃないかと思って、余計に当ててしまう。そういう欲張りばあさん、じいさんがやると、かえって悪くします(笑)。つづらは大きいほうがよいと思って持って帰ると、大体ろくなことがない。1分がよいと言ったら、1分にする。だから欲張りばあさん、じいさんにはこの方法は勧められません。

**質問者**　当ててはいけない場所というのは、基本的にないんですか。

**光田**　当ててはいけない場所は、記憶にないです。アプリケータにはいろいろな形のものがあって、例えば、頭皮に当てるくし形のタイプもあります。それから、子宮筋腫などの場合に膣(ちつ)に挿入するタイプのものもあります。ちょっと特殊な、タンポンのような形のアプリケータがあって、それを挿入して電流を流すと、いろいろな子宮系のトラブルによい成果が出ます。一番よく使われるのは子宮筋腫です。血流が増大するので、血流の滞りによって引き起こされているさまざまな状態に効きます。

**質問者**　子宮筋腫そのものに触れなくてもよいということですか。

**光田**　そうです。子宮系全体の血流が改善されます。子宮筋腫は、根本はどこか血管にトラブルがあるわけです。血流が増大すれば、腫れている筋腫が徐々に小さくなっていきます。

　こんなことにも使うのかというような使われ方をするので、楽しい装置です。高電圧の治療器で、静電気が出ます。日本人の感覚からすると、小さい鍼（はり）をあちこちに打たれる感じです。鍼を１本１本刺すのではなく、複数の経絡を同時に刺激するような感覚です。バイオレットレイは腰痛などにも効きます。

　ただしこれは、長時間使いすぎると徐々にアプリケータがへたってくるんです。アプリケータは消耗品なので、続けて長く使うと、へたりが早くなってしまいます。ほどほど休ませながら使います。多分、３分くらいも通電すれば、オゾンがかなり出ているのがにおいでわかります。あの独特のツーンとするにおいがします。別にオゾンは悪いわけではないです。それぐらい周囲に影響があるということです。

　価格ですが、日本製で６万円くらいだと思います。アマゾンなどで探すと、外国製の廉価なものも見つかります。

## ■ＡＬＳ（筋萎縮性側索硬化症）

### ◇運動神経だけが衰退していくＡＬＳという病気

次にＡＬＳという神経系の病気についてお話しいたします。

ＡＬＳに関するリーディングは１件しかありません。１件しかないのですが、先ほどお話ししたアトキンソンさんというアメリカ人の男性は、この１件を頼りに自分に試してみました。そうすると、最終的には劇的な治療成果が得られた。この人のレポートについては私が翻訳して、ケイシーセンターから出しておりますので、興味のある方は読んでみてください。

ＡＬＳという病気では、運動神経だけが枯れていきます。感覚神経は最後までずっと残っています。最初は、足とか指先などの末端から症状が現れます。足から始まる人が多いようです。神経が末端から徐々にきかなくなってきて、それが上のほうに上がっていく。最後、心臓・呼吸器のところに達したところで、その人は亡くなる。発症してからの平均余命は、大体２年半から３年と言われます。

実は過去に2人ほどＡＬＳの患者さんからケイシーセンターに連絡があって、ケイシー治療を試してみたいと言われたので、私もお手伝いしたことがあります。残念ながら、お２人とも成果を出し切れないうちに亡くなってしまいました。神経系の病気の中では、進行が速く、しかも致命的というのが恐ろしいです。私が知り合うころには、皆さんほとんど動けない状態ですから、私もとても苦しいです。

一方で、人によってはすごく長生きされます。イギリスの天体物理学者のホーキングさんは、ＡＬＳを発症してからも相当に長生きされました。ですから、長生きする方がおられる一方で、急速に進行してパタッと亡くなる方もおられる。その両極端に分かれるのがこのＡＬＳという神経系の難病です。

運動機能だけが失われて、感覚神経は残るので、くすぐられると、くすぐったいそうです。ただし体を動かすことは全くできない。気の毒なのは、虫が自分の顔をはってきても、それを払うことができない。虫がはっていることはわかる。寝ていて、虫がもぞもぞと上がってくるのが感覚としてはわかる。でも、それを払いのけることができない。とてもつらい病気です。

## ◇ALSについてのただ1つのリーディング

ＡＬＳでエドガー・ケイシーのリーディングを受けた人は、34歳の男性でした。残念なことに、この人はケイシー療法を多分実践できなかった。おそらくはケイシーが勧める方法が、当時の医学から見て全く意味不明だったのでしょう。しかしながら、このＡＬＳのリーディングを実際に行った方々が治っています。アメリカのエドガー・ケイシー財団には、ＡＬＳを治した方々のレポートが何人分か残されています。ですから、たまたまアトキンソンさん１人が治ったわけではなくて、きちんと取り組めば治る可能性がある。成果は上がりつつあります。

これはリーディングが１件しかないので、原文を味わってみたいと思います。まず、奥さんのガートルードが誘導の暗示を与えます。

あなたはこれからこの人の体を注意深く徹底的に調べ、現時点であなたが見出す状態を私に知らせます。現在の状態をもたらしている原因を述べ、この人を助け治癒をもたらすアドバイスを与えます。私が行う質問にあなたは答えます。

エドガー・ケイシーは暗示の言葉を数回繰り返した後、沈黙する。そして２分くらいたったところでいきなり、「Yes, we have the body」と言い始める。

よろしい。我々の見るところ、この体には障害がある。これらは、一部はカルマに由来する。そのためにある種の態度をとるだけではなく、この人自身がみずからのうちにある聖なる影響力に向かう活動に関して、態度をしっかりと決めなければならない。

リーディングは、自分のうちにある聖なる力を呼び覚ますという決意がなければだめだと言ったわけです。ほんのちょっと気持ちを変えるといった程度ではだめだ。この人が自分の内側にある神聖な力を湧き上がらせる。そういう決意を持って臨まなければ治らない。

我々の見るところ、これらははっきりとした病理学的状態をもたらしている。これから行う治療は、全般的な態度が変化したくらいではほとんど、あるいは全く効果がないだろう。

これは神経系難病全般に言われることですが、ＡＬＳではとりわけ強く言われている。少々心が変わったくらいでは太刀打ちできない。この人の場合には、根本から人生観、生き方が変わって、神聖な力が自分の内側に湧き起こるくらいの状態にならなければいけない。

この人が身につけるべき態度とは、単に善良であるだけではなく、何かに対して具体的に善とならなければいけない。

これはリーディングでよく出てくる言葉です。単に善良では不十分だ。単にいい人ではだめなんだ。具体的に何かに対して善を行いなさい、ということです。

生命のあらわれは神聖なものである。その神聖さとは、神と呼ばれる影響力、諸力である。それを乱用してはいけない。善用しなければならない。

自分の中にある神の力に目覚める。それには自分が善良なくらいでは不十分だ。あの人はいい人ですよね。それじゃ全然不十分で、具体的に何かに対して善を行わなければいけない。

病理学的には、手足の神経と筋肉に対してスタミナが欠乏している。現在のところ、両足と一方の腕により重い症状があらわれている。そのために体内に機械的な力を与えると同時に、消化吸収を通して、神経、筋肉、腱に、エネルギーと強さをもたらすような化学的な力を与える必要がある。神経と筋肉の力が麻痺しつつある原因は、これらの筋肉と神経力がそれら自体を再生するのに必要な成分を消化吸収する力が不足し、体内に栄養を補充する力が不足しているためである。

まずは必要な成分を消化吸収する力が不足している。神経に必要な材料を消化吸収できなくなっている。そして、体内にその栄養をつくって補充する力も不足している。これらが神経を弱らせている原因だと主張しています。そのために、

低電位の放射活動をもたらすために、アトミダインと樟脳を交互に使用する形でウェットセルを構成する。ある日にアトミダインを使用したならば、翌日は樟脳を使用する。

アトミダインは複数の会社から何種類か販売されています。アトミダインという名前はヘリテージ社が商標登録しているので、他の会社は別の名前で販売しています。例えば、私の知人のフィル・トーマス氏は、デトキシファイド・アイオダイン(Detoxified Iodine：無毒化されたヨウ素)という名前で販売しています。

アトミダインは飲むこともできますが、体が衰弱していて、神経が弱っているような場合には、直接飲むよりも波動で加える必要があるとケイシーは主張します。そのため、ウェットセルの溶液にアトミダインを使用します。そして、

装置を１日30分装着する。溶液を波動的に通過させるプレートは必ず乳び管叢（そう）のところに装着する。この人に関して言えば、それはへそから指３本分右、そこから指２本分上の位置にある。

乳び管叢の位置は、おへそを中心に、指の幅３本分右側に、そしてそこからさらに指の幅２本分上のところです。このパターンが一番多いです。肋骨の下あたりに来ます。ちょうど十二指腸と胆管が交わるあたりです。ですから、胆汁の出るあたりが装着する場所ということになります。

アトミダインを使用するときには、アトミダイン１オンスに対して蒸留水を２オンス加えて、３倍に薄めます。アトミダインを使うときは、銅プレートは腰椎の４番に

装着します。樟脳を使うときには、銅プレートを腕神経叢、すなわち胸椎の1番、2番、あるいは2番、3番の間に装着します。大体そのあたりに銅のプレートを装着します。

このようなやり方で、毎日、装着を交互に変えながら行います。アトミダインのときには腰椎に装着し、樟脳のときには胸椎の2番、3番に装着する。これを繰り返します。装置を取り外したならば、オイルマッサージをします。マッサージオイルは定番のピーナッツオイルとオリーブオイルの組み合わせか、さもなければピーナッツオイル単体です。

これらの一連の治療手順を実行するわけですが、期間中はあらゆる種類のアルコールを避けます。それから炭水化物の摂りすぎも避ける。そうすれば、この人の状態はよくなるだろうと。

そしてさらに重要なのは、最初にすべきことを最初にせよ、というリーディングの指示です。すなわち、出エジプト記19章5節と申命記30章を読む。そしてそこに書いてあることを自分自身の人生で実行するよう指示された。出エジプト記19章5節と申命記30章は、どちらも旧約聖書です。クリスチャンでもこれらの書はあまり読みませんが、エドガー・ケイシーはこれらの箇所に日ごろの心の在り方、気持ちの在り方の訓戒が書いてあると言います。人によっては、ヨハネの福音書の14章から18章を読みなさいと言われる場合もありますが、かなりの人が出エジプト記の19章5節と申命記の30章を読むように指示されます。そして、

辛抱強くいなさい。持続して行いなさい。なぜなら、ここにおいてあなたが用いさえすれば、あなたを助ける機会があるからだ。このリーディングを終わる。

34歳の男性は、このようなリーディングを受けたわけです。この人のリーディングには、質疑応答は全くありませんでした。リーディングは一方的に情報を与えて、そのまま終わっています。

残念なのは、この男性はリーディングを実行しなかった。しかしその後に、このリーディングに触発された方々が、このリーディングのおかげでＡＬＳを克服していま

す。ですから無駄ではなかった。

## ■筋ジストロフィー

### ◇前世からのカルマの大きな影響

次は、筋ジストロフィーです。リーディングは、11人の人に対して13件のリーディングを与えています。ですからALSに比べれば、はるかに多いです。

筋ジストロフィーの場合も、原因として、前世から持ち越してきたカルマが指摘されることが非常に多い。前世から持ち越してきた憎しみなのか、怒りなのか、恨みなのか、あるいは自分自身が過去生で何かよこしまなことをして、その刈り取りをしているのか、いろいろなパターンがあります。

ある人は、前世で女性を次々にレイプしたために今生で筋ジストロフィーを経験していると指摘されました。前世で魔女の疑いをかけられて牢につながれている女性を自分の肉欲の対象にしてしまった。今度は自分自身が全く動けない状態にされた。そうやって、前世で蒔いたものを、今生で刈り取るように仕向けられる。このようなものばかりではないですが、とにかく前世から持ち越してきた何らかのカルマが、内分泌腺にトラブルを引き起こしている。その結果として、神経系を病む。

## ◇筋肉ジストロフィーの治療法

治療の中心はウェットセルです。ウェットセルを実際に使うときには、溶液の調整など、いくらか化学の心得が必要です。ケイシーセンターでウェットセルを使うためのＤＶＤを制作しています。このＤＶＤを見てくだされば、溶液の調整の仕方とかがわかります。それから１カ月に一度、使い終わった溶液を処分しなければなりませんが、この処分の仕方も少し厄介です。金属を含む濃い酸を使うので、普通に排水溝に流すと若干問題があります。どうやって処理すればよいかを説明していますので、ＤＶＤを見てください。

筋ジストロフィーに対しては、金と銀の波動を使用します。そのため、ある日は、金溶液を使用し、翌日は銀溶液を使用します。そしてまた金溶液を使い、翌日は銀溶液を使う。こんな使い方になります。

人によっては、金と樟脳の波動を組み合わせる場合もあります。つまり、ある日は、金溶液を使用し、翌日は樟脳溶液を使用する。そしてまた金溶液を使用し、樟脳溶液を使用する。

金と銀、もしくは金と樟脳という組み合わせが多いです。ケイシーは、金の波動は神経細胞を賦活し、銀の波動は神経線維を賦活し、樟脳の波動は傷ついた組織を修復すると主張します。

ウェットセルで波動を送り、そしてウェットセルが終わったならば速やかに、オイルマッサージを行う。大体30分から40分くらい、体の中心で産生された成分を全身の神経細胞に送り込むよう、体幹から末端に向けて、念入りにマッサージします。ウェットセルを使用した場合は、全身に対してオイルマッサージを行いますので、最低でも30分~40分はかかります。脊柱だけやればよいというものではないです。

食事療法としては、ビタミンを豊富に含む食事にします。場合によっては、塩化金を直接飲んでもよい。ウェットセルに使っているのと同じタイプの塩化金を内服するというやり方もあります。

背骨にひずみがある場合は、当然ながら、ウェットセル治療を開始する前に、しばらく整体を受ける必要があります。電気装置ですから、回路である体がひずんでいると、ウェットセルはうまく効きません。なので、ウェットセルを使う前に、筋骨格系を治しておきます。これがとても重要です。回路としての肉体の準備ができたところで、ウェットセル治療を始めます。当然ながら、ウェットセルを使うということは、心の状態もとても重要です。

ある筋ジストロフィーの人で、ウェットセルを使っている人がいます。この人は最初、平らなところでも歩くのが難しかったそうですが、ウェットセルを使うようになって少しずつ動きが改善され、３年か４年くらいたったころには、家の中の階段を自力で上りおりできるようになったそうです。通常あり得ないです。周りの人たちもとても驚いているそうです。

ただ、ウェットセルを使う場合には、硫酸を溶かした溶液を扱うことになるので、家に小さいお子さんがいるときには、そのあたりのことに十分注意が必要です。

筋ジストロフィーのためにウェットセルを試された方がもう1人おられたのですが、その人はしばらく使った後に、今しばらくは使えないと言って諦めました。小さい子が2人おられて、子どもさんが何度か溶液の入った容器を倒してしまった。こぼれた溶液を処理するのがどれほど大変か容易に想像がつきます。また子育てをしながら、奥さんが1人でご主人のためにウェットセルの準備やオイルマッサージをするのは、ものすごく労力が要ります。この装置で治療するには、それなりの体制が必要なんです。

そういう面あるので、ウェットセルを使うのはなにかと大変ですが、神経系の病気が進行した場合に、ケイシー療法的にはウェットセル以外に選択肢はないです。

# ■多発性硬化症

## ◇多発性硬化症とケイシー・リーディング

多発性硬化症（ＭＳ）とはどういう病気かというと、脳の中の神経は、神経線維から電気が漏れないように、絶縁体の役割をする鞘（さや）でくるまれています。その鞘が何らかの原因で溶ける病気です。溶けると、神経のインパルスが漏電してしまう。そうすると、本来行くべきところに神経の電気信号が届かないで、途中でショートしてしまう。そのために、いろいろな症状が出ます。目に出る人もいます。運動をつかさどる筋肉に出る人もいます。あるいは、消化器系に出る人もいます。いろいろなパターンがありますが、結局は、脳の中の神経線維が徐々に溶けていくのです。現代医学では免疫疾患ではなかろうかと言われています。自分の免疫が、神経線維を包んでいる鞘を壊してしまうので、免疫疾患の１つとして数えられることも多いです。

エドガー・ケイシーは全部で１０４件のリーディングを多発性硬化症のためにとりました。かなりのリーディングがとられたことになります。これらを調べてみると、まず主要な原因として指摘されているのが「カルマ」であることがわかります。カルマについて何も言われない人もいますが、ほとんどの人が過去生から持ち越してきたカルマを指摘されます。

カルマの影響として分泌腺が乱れるのですが、多発性硬化症に限って言うならば、どこの分泌腺が一番影響を受けるかというと、肝臓なんです。肝臓は右葉と左葉に分けられますが、右葉と言われるところにトラブルが生じて、そのトラブルが胆嚢と胆管に伝播してしまう。ほかの神経系の病気と比べて、かなり具体的にケイシーは原因を特定しています。肝臓にトラブルが生じ、それが胆嚢、胆管に伝播し、その結果として、血液中のケミカルバランスが崩れる。血液中の成分のバランスが崩れるとどういうことが起きるかというと、今度は神経系が出す毒素の排泄不良になる。神経系が活動して、新陳代謝をすれば、当然ながら老廃物が出る。しかしながら、血液のバランスが崩れているために、その老廃物を回収することができない。これが根本にあって、結局のところ、免疫がそれを攻撃してしまう。これが多発性硬化症の発症メカニズムですね。

ですから、自己免疫疾患であるということに関してケイシーは同意するけども、それが原因というよりも、それ以前にさまざまな要因があって、免疫のトラブルはあくまでそれらの結果であって、そのために脳内の神経線維を攻撃してしまうと主張しています。

治療法としては、カルマが根本にあることが多いので、精神と感情の浄化がとても重要になります。精神と感情を浄化するというのは、ただ単に性格がよいとか、そういったレベルでは不十分です。それこそ心を神に向ける。心を主に向ける。日本人であれば、仏陀に向けるでもよいかもわからないし、天照大神に向けるでもよいかもわからない。とにかく、自分を存在せしめている聖なるものに対して、祈り求めるような意識です。ケイシー療法では、主イエスにより頼む。自分の人生を主のうちに手放して、主が求められるように生きる。そうすることによって、心と感情を清めていく。そういった心の浄化が必要です。

感情、精神の浄化をした上で、ウェットセルを使う。多発性硬化症の場合は、ほとんど金の波動です。それにごく少ない割合で、銀あるいはアトミダイン、樟脳の波動を補足的に使うことが多い。なぜかこの場合には、金の波動を使うようにケイシーは主張します。

食事療法としては、野菜と果物中心です。野菜の中でもニンジンは頻繁に出ます。それから、野菜のビタミンの吸収率を上げるためにケイシーはゼラチン質を勧めますが、とりわけ多発性硬化症の場合には、ゼラチンが強調されます。おそらく、神経線維をくるむ鞘をつくるには、ゼラチン質が必須の材料なのだろうと思います。

これらを励行すると、現代医学で原因不明で治療困難とされる多発性硬化症でも、よい成果を出すことができます。多発性硬化症は、白人には非常に多くて、そのためにリーディングの件数も非常に多いです。日本でも、欧米ほどではないですが、多発性硬化症はよく知られた神経系の病気です。

## ■脳卒中の後遺症

### ◇脳卒中へのさまざまなアドバイス：波動装置とミルラチンキ

次にお話ししたいのが脳卒中の後遺症です。脳卒中は脳の血管が破れて出血をする脳出血と、脳の血管が詰まって脳細胞がダメージを受ける脳梗塞の２つに分けられます。ケイシーの時代にはどちらも「脳卒中」として扱われましたので、区別して議論しようとすると、リーディング資料をよく調べなければなりません。

リーディングを調べると、脳卒中については17件あります。現時点で６割ほど翻訳が終わっています。あともう少しで脳卒中全般について、翻訳が終了する予定です。早い人は10代くらいから脳卒中が起きていますし、年齢が上がればそれだけ脳卒中を起こしやすくなります。ほとんどのリーディングは、脳卒中になった人たちに対して、その後遺症をどうして克服するかというアドバイスになっています。

脳卒中の治療では、バイオレットレイが使われることもありますし、インピーダンス装置やウェットセル装置が使われることもあります。いくつか具体例を見てみたいと思います。

まず脳梗塞の典型的なリーディングです。これは23歳の男性のもので、その若さで脳梗塞を起こしました。中心的な治療法はウェットセル。基本的には金の溶液を使う。毎日20分、銅プレートは胸椎の9番に装着し、ニッケルプレートは乳び管につける。その後で、マッサージを行う。この人は、もともと多発性硬化症の傾向があって、それが原因で血管が詰まり、そして最終的に脳梗塞を起こしてしまった。

脳卒中の後遺症で苦しむ方々から相談を受けたときに私が非常に心苦しく思うのは、脳卒中で入院している方の大半は病院に入院しており、ケイシーの勧めるこれらの治療法を実行することができないということです。

ですから、私も相談を受けるたびに、「一番有望な方法はウェットセルです」とお答えするのですが、残念ながら病院でそれを実行できる人はまずいません。そのために、次善の策として、オイルマッサージを勧めることになります。よくお勧めするのが、オリーブオイルにミルラチンキを溶かしたものでマッサージするという方法です。この方法は、脳卒中の後遺症によく勧められます。

ミルラチンキは森林のような香りがします。とても香り高いです。イエスが誕生されたときに、東方の三博士が献上したものの１つがミルラです。日本語では没薬（もつやく）と訳されます。東方の三博士が献上したもう１つは、フランキンセンス（乳香）で、もう１つは金です。３つの贈り物のうちの１つであるミルラチンキは、昔から我々の肉体と精神にとてもよい影響のあることが知られていて、そのために三博士が献上したと言われています。

ミルラチンキは普通の温度ではまざらないので、まずオリーブオイルを90度くらいになるまで湯煎して加熱し、そこに同量のミルラチンキを加えてまぜます。しかしながら、一般に市販されているミルラチンキを買うと、値段がとても高いので皆さん驚かれます。１瓶10ミリリットルくらいの量で２０００円から３０００円します。非常に高価なので、これをケイシーの指示どおりに使うと、ミルラチンキ代だけで月に５～６万円くらいします。それで私が皆さんによくお勧めするのは、ミルラチンキを自作する方法です。アマゾンなどで「ミルラ樹脂」を購入し、これを度数の高いアルコール（私のお勧めはスピリタスです）に溶けるだけ溶かし込みます。ミルラ樹脂はなかなか溶けないので、マグネティックスターラーなどの自動攪拌機を利用して、一晩かけて溶かします。そうすると、市販の3分の1くらいの値段でミルラチンキを確保することができます。これを湯煎して加熱したオリーブオイルに同量溶かして使います。

使い方は通常のマッサージと同じで、小さじ1杯くらいを手のひらに取り、それを首のつけ根から背骨に沿ってすり込み、さらに症状の現れている腕や手に塗り込んでマッサージします。とりわけ首のあたりは念入りに行います。

ウェットセルほど大きい装置になると、病院に持ち込むことは許可されないと思いますが、インピーダンス装置くらいであれば許可してもらえるかもしれません。その場合には、インピーダンス装置に金溶液をつないで使います。金溶液が使いにくい場合は、インピーダンス装置単体で使用する。インピーダンス装置も許可されなければ、バイオレットレイの使用をお願いしてみる。

脳卒中の場合、ウェットセルが第一候補ですが、それが使えない場合にはインピーダンス装置を使う。それも使えない場合にはバイオレットレイを使う。ただしバイオレットレイは、３つの中では一番弱いです。脳卒中の後遺症が軽ければ、バイオレットレイでも効果が期待できます。

脳卒中の場合には、できるだけ早い段階で後遺症の治療に取り組むことが肝要です。時間がたてばたつほど、治りにくくなります。

## ◇脳出血の応急処置法

脳出血で倒れた場合、直ちに実行するとよいことがあります。それは脳内に溢れつつある血液を足のほうに移動させてしまうという方法です。

まず、後頭部に直ちに氷を当てます。後頭部に氷を当てて、脳の血流をうんと下げるわけです。その一方で、ふくらはぎと足の裏を加熱します。ペットボトルなどに熱いお湯を入れて、それを足の裏に押し当てる。下半身を毛布でくるみ、ふくらはぎなどもやけどしない範囲でできるだけ温めます。そうすると、どういう現象が起きるかというと、脳の血流が抑えられ、そして下半身に血流が増大しますから、言ってみれば、脳内の血液が抜かれることになります。それによって、脳にたまっていく血液が、抑えられる。その状態で病院に搬送してもらい、処置をしてもらうと、ダメージが少ない状態で脳出血を克服することができます。ですから、ご自分の身近な人で、日ごろから高血圧の人が倒れたならば、そういう応急処置をしておくと、場合によってダメージが軽減される可能性があります。

## ■質疑応答

### ◇カルマと心を浄化するには

**質問者A**　神経系の難病なんですが、過去生からのカルマが結構多くて、それとともに今生での感情とか、ものの考え方とか、その辺に原因があって、そういう難病になった場合に、感情と精神の浄化が必要だということですが、肉体のケアだけでも大変で、毎日の目先のいろいろな苦痛とか大変さで心も大分鬱屈(うっくつ)した状態になってしまっている中で、そういうときに心の浄化が大事と言われても、できるんでしょうか。

**光田**　まさに、そこが一番難しいところです。それは患者さん自身の場合もあるし、患者さんを介護する側の場合もあります。そして、とりわけ患者さんが若いときに脳の病気になる場合には、患者さんだけではなくて、その家族にもカルマが絡まっていることが多いんです。なので、ご家族も心を神に向ける練習をすることで、家族全体としてのカルマがほどけていく。そこがとても重要なんですが、これがまたとても困難であることはおっしゃるとおりです。

**質問者A**　唯物論者の方だった場合は、ますますかたくなになってしまって、拒絶されたり、難しそうな感じなんですが。さっき、リーディングで旧約聖書を読むようにということでしたが、どういうような心持ちになるようにということが書いてあるんでしょうか。

**光田**　まず、出エジプト記の19章5節には、こう書いてあります。

もし、あなた方がまことに私の声に聞き従い、私の契約を守るならば、あなた方は全ての国々の民の中にあって私の宝となる。

ここで重要なのは、「あなた方が私の声に聞き従い、私の契約を守るならば」というところです。もうちょっと日本人の心情に近づけて言うならば、神がおられるということを信じ、神との関係を自分の人生で実践するならば、ということです。ですから、自分の人生を唯物的な考え方で見るのではなくて、自分の本体は神によって存在を得た霊である、という意識に変える。

次に申命記の30章ですが、この「申命記」という名前自体がとても重要です。「申」というのは伸ばすという意味で、命を伸ばすための約束事ということです。エドガー・ケイシーが申命記の中でも最も強調したのがこの30章です。英語ではDeuteronomyといいますが、命を伸ばすための本だと主張します。その30章はちょっと長いですけど、こう書いてあります。

あなた方の前にもろもろの祝福と呪いがある。そして、あなた方もあなたの子どももともに、あなたの神、主に立ち返り、私がきょう命ずる全てのことにおいて心を尽くし、精神を尽くし、主の声に聞き従うならば、あなたの神、主はあなたの方を再び栄えさせ、あなたを憐れみ、あなたの神、主はあなたを散らされた国々から再び集められるであろう。

重要なのは、我々の目の前には、常に祝福と呪いの２つが置かれている。選択をするのはあなた方である、と。もちろん、我々は祝福を選択するように勧められているわけです。なので、日々の人生を考えて、今、自分の前には祝福と呪いが置かれている。自分はどちらを選ぶのか。そして、私は神によって存在を得ていることをしっかり自覚し、そして心を尽くし、精神を尽くして、神の声に従う。そうすれば、宇宙は、神は、再び我々を栄えさせ、我々を憐れみ、我々を導いてくださる。そのことを懇々と説明しているのが申命記の30章です。とりわけケイシーが引用したのがその15節のところです。

私はきょう、命と幸い、死と災いをあなたの前に置いた。私はきょう、あなた方にあなたの神、主を愛し、その道に歩み、その戒めと定めと掟を守ることを命じ、それに従うならば、あなた方は生きながらえ、その数は多くなるであろう。また、あなたの神、主は、あなたが行って取る地であなたを祝福されるであろう。

人間を単なる肉体的存在であると考えている人には、この種の助言は効力を持ちませんが、ケイシーが主張するように、「人間の本質は永遠不滅の高貴な霊的存在である」と思える人には、聖書や聖典の言葉は身心に大きな影響を持ちます。

我々の内分泌腺は我々の意識に敏感に反応します。ちょうど美味しいものを想像するだけで唾液腺が動き、悲しいことを思い出すだけで涙腺が動き、感動すると胸腺が動くように、我々の心が神への賛美に満たされると、神経組織を再生賦活する分泌腺が動き出します。

## ◇お金第一からの改心でＡＬＳから救われた

前述のＡＬＳを克服したアトキンソンさんは、ＡＬＳを発症する前に会社を２つ持っていました。アメリカで家具販売で成功した経営者でした。子どもも娘さんが２人いました。金銭的には何不自由ない生活を送っていましたが、あるとき、突然にＡＬＳを発症してしまいました。それまでの彼にとって、お金を稼いで豊かになることが人生の最大の目的だったのです。

ところがＡＬＳになって体を動かすこともできなくなった。結局、彼は会社を２つとも手放してお金をつくって、いろいろな治療を試みましたが、効果が得られなかった。そして、娘さんたちがインターネットを調べているうちに、エドガー・ケイシーの情報を見つけ、すぐに父親に教えました。しかし彼は、「聖書を読みなさい」というリーディングを受け入れられず、リーディングを拒否しました。そして他の治療に取り組んでみたけれど、結局治らなかった。とうとう最終段階に達し、首も動かせなくなった。目だけ動かせたので、目で合図をして、意思疎通をはかった。そこまで来たら、死ぬのは近い。あとは心臓と肺が止まって亡くなることになる。

アトキンソンさんは、自分には、もう失うものは何もない。そうであるなら、エドガー・ケイシーが言うところの聖書を読んでみようと思い、申命記の30章と出エジプト記の19章を読んでみた。そのときに、雷に打たれたようなショックを受けたと、アトキンソンさんは後に語っていました。自分のことが書いてある。自分は今まで神なんているもんかと思い、お金さえ儲ければそれでいいんだと思って生きてきた。その生き方を、聖書は何千年も前から警告していた。そして、確かに自分は生き方を間違えていた。

アトキンソンさんは自分の生き方の間違いを受け入れて、直ちに教会で洗礼を受けました。もちろん、それですぐに変化するわけではありません。体が動かないので、ストレッチャーに乗せられて教会に行ったそうです。しかし教会の会員の方々は温かく迎えてくれた。アトキンソンさんは、教会の方々の接し方にすごく感激しました。

なぜならば、お金を失って、友達はどんどん去っていった。お金があるころは、みんながちやほやしてくれたけれども、お金がなくなったら親戚も寄りつかないし、友達もどんどん離れていった。そういう自分を教会の人たちは心を込めて接してくれた。その様子に、彼自身が変化するわけです。心に大きな変化が起きて、驚いたことに、体は全く動かなかったけれども、ボランティア活動をするようになった。教会の会員の方々とボランティア活動をするようになった。キリストに目覚め、信仰に生きようと思うようになった。この治療がうまくいこうがいくまいが、自分は最後にキリストに出会うことができてよかったと思い始めた。それからウェットセルの治療を始めたそうです。

最初の２カ月は全く変化がなかったそうですが、３カ月たったところで、一瞬、筋肉がピクッと動いた。一瞬だけだったけれど、そのときに「これは！」とアトキンソンさんは思ったそうです。そして、さらに続けていくと、ピクッと動く時間が持続するようになった。そして、１カ所しか動かなかった筋肉が、動く範囲が少しずつ広がっていった。それから半年もしないうちに、立ち上がれる状態になった。そして１年後には、庭仕事ができるまでに回復しました。

アトキンソンさんは治療法を残してくれたケイシーに深く感謝して、自分の残りの人生では、同じ神経系の病気で悩む人々のためのボランティア活動をしようと決意したのです。彼は最後まで、いろいろな方々の相談に乗りました。5年くらい前にがんによる衰弱で亡くなられましたが、充実して向こうの世界に帰還されました。

神経系の難病治療では、このような心境の変化が必須です。これがまた難しいところではありますが、それなしではこの治療はうまくいきません。それなしでは神経系の病気、少なくともここに挙げた難病と言われるタイプのものは、成果を上げることができません。これから先、iPS細胞で神経細胞を再生させて、体に埋め込む技術ができるかもしれませんが、できたとしても、それは一時的な回復にしかならないです。なぜならば、心の状態が変わらなければ、それは根本的な治癒ではないですから。

何かよいきっかけで変化があればよいですね。お祈りをしていれば、そういうきっかけを神が与えてくださると私は思います。そういう方をお世話する側も、それを通して自分の魂を成長させることができる。そういう自覚を持っていらっしゃれば、またよいですね。

### ◇病気は魂を高めるチャンス

**質問者B**　先生のご本を拝見していると、モノミスというか、危機と発展が両方来る。そして、いつもこの講座を聞いていると、ひょっとしたら病気という1つの危機が、自分の発展とか、違ったものを見るような、価値観を変えるようなものに変わっていくんじゃないかなと。病気は大変なことですが、希望というか……。

**光田**　そうです。両方同時に含まれています。エドガー・ケイシーの言い方で言うならば、「与えられたチャンスを自分の魂を高めるために生かしなさい」と。自分の病気を、自分を高める材料にしてしまう。ですから、言われたとおり、病気を通して我々は教わることが多い。あるいは、病気は自分の魂を高めるきっかけになり得る。

**質問者B**　自分が病気になるという可能性もありますが、家族が病気になったり、あるいは知人が病気になったときに、自分がどういう気持ちでいたらいいかということが非常に私にとってはプラスで、ありがたいと思っています。

**光田**　小さいところで言えば、例えば、夫婦仲が悪かった方にオイルマッサージを教えて差し上げる。そうすると、自分がやってほしいものだから、とりあえずご主人にマッサージする。そのうちご主人のほうでも気持ちよさがわかってきて、奥さんに時々やってあげるようになる。そうすると、これまでの冷めていた関係が融けてきて、会話が弾むようになり、夫婦仲が改善されます。ぎくしゃくしていた関係が円満になっていく。そのようなケースはとても多いです。私は、オイルマッサージは夫婦円満の秘訣になり得ると思っています。

**質問者B**　自分のことですが、ここずっとオイルマッサージをするようになりまして、そうしたら、自分のヘバーデン結節が少しずつだんだん改良していくような感じなんです。前は指に吸盤があるみたいに広がって、ヤモリの吸盤みたいな指をしていたんです。そういうような意図しないところで、自分にちょっと嬉しいことが起こってきたなと思いまして、すごく嬉しいです。

**光田**　ようございました。いろいろ嬉しいことが起きますね。ヘバーデンをご存じない方もいらっしゃるかもわからないので、ちょっと説明してください。

**質問者B**　指の第一関節が膨らんでしまって、指の先がちょうどヤモリの吸盤みたいに広がってしまう。私はそんなに痛くはないんですが、知人は痛くて、これは不治の病だとされていると聞きました。手術をするしかないということで、かなり苦しんでいる人もいるようです。

**光田**　それがオイルマッサージをしているだけで改善してくる。特に人にやっているうちに、自分が治っちゃった。

**質問者B**　そうなんです。まさか、全然期待してなかったんですけども、本当にありがたいと思いました。

**光田**　ケイシー療法というのは、非常に体の負担が少なくて、なおかつ理にかなっていますから、さまざまなところでよい成果が得られますね。

第 3 部

# ケイシー療法と精神疾患

（うつ病、自閉症、学習障害、不安神経症など）

## ■精神疾患へのホリスティックなアプローチ

これから精神疾患について、ケイシー療法ではどのように取り組むのか、お話しいたします。内容としては、うつ病、自閉症、学習障害、不安神経症を取り上げます。

精神疾患は、このケイシー療法のシリーズの中でも最も厄介なテーマです。ケイシー療法的には、むしろ神経系の病気のほうが取り組みやすい。というのは、ある意味で、神経系の病気は因果関係がはっきりしているので、原因と治療法を提示しやすい。精神疾患の場合は、その人の人生観や生活習慣なども大きくかかわってきます。これらはすでに本人の生き方ですから、本人が人生観や生活習慣を変えるだけの努力を払わなければ、成果が出ない。そういった意味で、治療に時間もかかる。とりあえずこれをやってみて、うまくいかなければ次はこうしましょう、といった具合になるわけです。

そんな形で取り組むために、他の疾病に比べれば、我々の手応えとしても、やや難を覚える領域ではあります。でも、せっかくですから、ケイシー療法らしいところ、つまり、ボディー・マインド・スピリットのホリスティックなアプローチで、最終的にすばらしい成果を出す方法をご紹介したいと思います。

## ■うつ病

### ◇リーディングが指摘する「うつ」の原因

まずうつ病についてお話ししましょう。

うつ病についてリーディングを調べると、病院で「うつ」と診断された人たちのものだけでも20～30件くらいはあります。これらの方々のリーディングを調べてみると次のような原因が指摘されています。

最も頻繁に指摘されるのは脊柱のゆがみです。これまでも、背骨がどれくらい重要か、説明してきました。背骨はとても重要です。背骨の中には中枢神経が通っており、そして、背骨の両側には自律神経の重要な組織がある。そのために、脊柱にトラブルがあると、さまざまな疾病を引き起こします。とりわけ精神疾患のケースでは、脊柱がひずんでないかをまず調べなければなりません。姿勢が悪ければ、姿勢の矯正だけで精神が回復する人もいます。

その次は、毒素の排泄不良です。血液が淀んでいないかどうか。これも極めて重要です。ある人がいつも悪夢を見る。「夜、怖い夢ばかり見るのはどうしてですか」とケイシーに尋ねた。そうするとケイシーは「血液中に毒素が多すぎるためだ」と答えました。血液が汚れていると悪夢を見る。悪夢がすべて、血液の汚れから来ると言っているわけではないですが、血液が汚れていると悪夢を見ることがある。そういう場合には食事療法、それから場合によってひまし油パック、腸内洗浄ということになります。

また、脊柱のひずみが長く続くと、例えば4〜5年以上続くと、脊柱のひずみが今度は分泌腺に影響し始めます。最初は副腎などの下のほうの分泌腺に影響が出る。それが徐々に上のほうに上がってくる。胸腺とか甲状腺とか、最終的には松果体、脳下垂体にまで影響が出るようになる。分泌腺の異常が松果体まで達すると、もう明らかなトラブルが現れます。幻覚が見えたり、幻聴がしたり、人格が変わったりします。そういった意味で、背骨のひずみを長く放ったらかしにしておくと、分泌腺の異常を招きます。

うつの場合は比較的少ないですが、自閉症とか学習障害は、背骨自体は問題がなくて、もともとの原因が前世から持ち越してきたカルマにある場合がある。カルマの影響は、肉体に出るときには分泌腺を通して現れる。とりわけ内分泌腺を通して出る。分泌腺に異常が出始めると、ケイシー療法では波動療法、電気療法の領域になってきます。すでにウェットセル、インピーダンス装置については詳しく解説しましたが、そういった装置を使って分泌腺の異常を治す。分泌腺の異常が軽度であればインピーダンス装置、相当に進行した場合にはウェットセルになります。

うつ病で難しいのは、他の病気と違って、本人の心の状態、生きる姿勢もかかわってくることです。その人がどういう人生観を持っているのか。例えば、自分の人生は両親の不仲のためにこんなになったとか、前の結婚生活が悪かったがためにこんなになったとか、そういうふうな思い癖をずっと持っているとうつ病になる。他には、自分の人生に対する執着ですね。私はこんなに一生懸命やっているのに、どうして私の人生はうまくいかないんだ、のような執着。こんなに健康に注意しているのに、どうして体が弱いんだ、とか。そんな発想をしてしまう。そういう心の在り方もうつ病の原因になります。

それから、うつ病の場合、数はそれほど多くはないですが、憑依霊によってうつ病になっているケースもないわけではない。内分泌腺に異常が生ずると、それがさらに憑依現象を招きやすくなる。背骨がひずむと分泌腺に影響が出て、それがさらに憑依現象にまで進んでしまう。そうすると、かなり厄介なうつ病になる。多くの場合、治療を拒むようになる。

## ◇うつ病に対するケイシー療法

ではうつ病に対してケイシー療法ではどのように取り組むのか。

背骨のひずみの場合には、オステオパシーあるいはカイロプラクティックですね。

あるいはそれに準ずるような整体。柔道整復でもよいかもしれません。とにかく脊柱のゆがみを矯正する必要がある。

脊柱の調整をする場合、最初の段階で集中的に治療を受けることが重要です。どういうことかというと、週に1回程度の矯正では、元に戻ってしまうのです。なので、元に戻り切らないうちに次の治療を加える。最初の治療効果が残っているうちに次の治療を加える。これを次々と行う。そうすると、治療効果が徐々に積み上がってきます。

エドガー・ケイシーがよく勧めていたパターンは、「少なくとも週に2回のペースで受けること」です。「少なくとも週2回」ですから、できれば週3回くらい受けられれば理想的です。ですから我々も、最初の10回から15回くらいは、集中して受けることをお勧めしています。治療費はちょっとかさみます。日本だと自費ですから、月に7～8万円くらいかかるかもしれません。でも、長い目で見れば、早期に集中的に受けたほうが最終的には経済的です。これがケイシーの主張です。

そして背骨の調整を行いながら、食事療法も実行する。

毒素排泄には、食事療法の他に、ひまし油パック、腸内洗浄が勧められます。

それから電気療法です。インピーダンス装置かウェットセルになります。

うつ病の場合、心の在り方がとても重要になってきます。そのときに信仰があると、とても楽です。別にキリスト教を勧めるわけではありません。ケイシーはクリスチャンでしたから、聖書を読むようにと言いましたが、日本人であれば、仏典でもよいです。とにかく自分の心を神に向け直す。そういった心境になるような本でもよいし、そういった場所でもよい。

## ◇暗示療法の有効性

それから、暗示療法もとても重要です。これは大きく分けると2パターンあります。

1つは、治療中に、治療師が建設的な暗示を患者に言葉で与える。あるいは態度で与える方法です。

まず、治療師が言葉で暗示を与える場合、重要なコツがあります。それは、実際に生じている治療効果の少し先の、望ましい治療成果が実現しているという暗示を与えることです。「前回に比べて、血行が改善していますね」とか、「仙骨のゆがみが少し改善しましたね」といった感じの暗示を与えます。治療成果を誇張すると、本人が疑ってしまって、暗示になりません。

また態度で暗示を与えるとは、治療師がルーチン作業のような意識で治療すると、治療効果がとても低くなります。治療師自身が、成果を信じて施術すると、それが患者に響くんです。言葉を使わなくても、それが暗示として相手に伝わる。これが言葉を使わない暗示です。治療師自身がその治療法に対して自信を持ち、なおかつそれによって自分も神に喜ばれる仕事をしている、主に喜ばれる仕事をしているという気持ちで取り組めば、それだけ治療効果が高まります。

もう１つの暗示療法は、本人の寝入りばなに催眠暗示をかけるという方法です。人は、眠りに入って５分くらいすると顕在意識が停止しますが、そこからさらに５分くらいは無意識の扉が開いている自然な催眠状態だとケイシーは主張します。この無意識の扉が開いている５分間に、いろいろポジティブな暗示を与えます。心が浄化するような暗示を与えてもよいでしょうし、信仰に目覚めさせる暗示もよいでしょう。あるいはその人の人生観を清めるような暗示を与えるのもよいです。うつ病には暗示療法が有用です。

うつ病が相当に進行しているような場合には、コンパニオン療法が勧められます。これは統合失調症のところでも説明しましたが、どういうものかというと、心身共に健全な人がつきっきりで、24時間寝食を共にしながら、数カ月その人に付き添って徹底的に治療を行うという方法です。付き添う人がひまし油パックもするし、オイルマッサージもする。場合によって波動療法も行う。そしてこの人が、常に積極的な暗示を与える。その人自身の態度で与えてもよいし、言葉として与えてもよい。そういうコンパニオン療法をケイシーは勧めます。この方法がうまく効けば、相当進行したうつ病でも、十分回復する見込みがあるとケイシーは主張します。

## ◇うつ病にかかわるリーディング事例

このような治療法になります。具体的な様子を示すために、うつ病に対する典型的なリーディングを幾つかご紹介いたしましょう。

１人目は、交通事故が原因でうつ病になった50歳の女性。２人目は、分泌腺の乱れがうつ病の原因になった37歳の女性。３人目は、執着が強すぎてうつ病になった46歳の女性。そして最後は、前世の絡み、もしくは妊娠中の母親の状態が響いてうつ病になった人です。これらのリーディングを検討しながら、ケイシー療法によるうつ病治療の典型を紹介したいと思います。

まず一人目は、交通事故で背骨を悪くした人ですが、幸い背骨は治癒しました。しかし、このまま放っておくと、霊に取り憑かれる可能性があるとケイシーに指摘され、彼女はそれに取り組みました。

リーディングはこう始まっています。

我々の見るところ、そこに混乱をもたらす状態が示されている。これはこの人が過去に負った外傷が原因である。もろもろの圧迫、特に脊椎の尾骨一帯に圧迫が存在しており、それが神経エネルギーとインパルスをそらすことで精神反応に妄想、幻覚を引き起こしている。

まず、原因は怪我である。そしてそれによって尾骨あたりに圧迫があると指摘しています。後日、この人は数年前に交通事故に遭い、尾骨に怪我をしていたことがわかりました。医師たちはレントゲンを見る限り、何も問題がないと主張していました。しかしケイシーは、尾骨に圧迫があると主張しました。このパターンはとても多いです。病院に行っても、「背骨にはどこも異常ありません」と言われるのですが、レントゲンでは判断できない小さなゆがみが障害をもたらしているのです。

しかしながら、脳には何の損傷もない。したがって、細心の注意と忍耐が示されれば、もろもろの圧迫は取り除かれ、正常な精神反応をこの体にもたらすことができると我々は見る。

ちゃんと治療すれば治ると保証してくれたわけです。さらに続けてこう言っています。

血液供給は極めて良好である。体の各部位の衰弱を引き起こすような逸脱及び血液供給が示されていないことはよいことだ。ただし、神経及び筋肉諸力の満足な反応を妨げているもろもろのコンディションがある。過去に負った外傷によって脊椎末端、つまり尾骨の神経が無理に押し込まれたような状態となっている。腰椎の軸、それから腕、頸椎の神経にも反応が示されている。

一番の問題は、脊髄の末端の尾骨の神経が無理に押し込まれていることだと。おそらく、尾骨が内側に入ってしまったんでしょう。本来尾骨は仙骨の先に並んでいなければならないのですが、交通事故が原因で、尾骨がグッと内側に入ってしまった。これがうつ病の原因だったというわけです。頭に原因があるわけではなくて、この人の場合は、尾骨が内側に入っている。そこに問題があった。

さらに「また、もろもろの反応と自己非難があり、時々妄想のような感覚がある」と指摘しました。言ってみれば、自分の状態に対して、長い間、自分を非難していた。自分の思わしくない状態、自分の体がうまくコントロールできないことに対して、自分を責めていた。その状態を何年も続けていたのがまた問題だった。この意識状態が自律神経を痛めた。ここにうつ病の特質があります。自分を責めることで、それがまた神経系を悪くさせてしまう。この悪循環。

我々の見るところ、脊椎の状態として示される神経の圧迫が問題の全てである。したがって、それを除去する必要があるだろう。だが最初から手術的な方法がとられるべきではない。しかし、最終的には尾骨の第1、第2の部位が取り除かれるだろう。それは今後適用する治療にこの体がどれだけ反応するかによる。

この人の場合は、尾骨の先端を切除しなければならないだろうと言われましたが、実際には、取らなくて済みました。

彼女は他に幾つか質問をしていますが、とにかくケイシーは尾骨を治せば、うつ病は治ると請け負いました。

ですから、我々も、うつ病については、頭を疑わないで、まず脊柱を疑う。背骨にトラブルがないかどうかがとても重要です。我々は、「事故しませんでしたか」とか「背骨をひどくゆがませるような怪我はしていませんか」と必ず聞きます。うつ病の場合、まずは脊柱にトラブルがないか確認します。

## ◇人間関係にかかわる妄想と分泌腺の障害

次のケースは37歳の女性です。

これらはもろもろの化学反応、分泌腺の反応の異常である。それが神経のインパルスに劣悪な反応を引き起こしている。したがって、精神の異常、妄想が生じることで、自分自身、周囲の環境、そしてこの人を取り巻く人々に対してあら探しをしてしまい、もろもろの交際や活動への願望を失ってしまうのである。

いろいろな妄想が生じてしまい、周囲の人たちのあら探しをしていた。そして、

今後も進行を許せば、極めて有害な状態がもたらされる可能性がある。すなわち、憑依現象あるいは痴呆になる可能性がある。そのため、今のうちに早く対処することだ。

彼女の場合は分泌腺の障害が発端だったので、分泌腺を治すためにこういうふうに言っています。

これから10日間、食事をとる前にグラス半分の水にアトミダインを1滴入れて飲みなさい。

この人の場合、10日間、グラス半分の水にアトミダインを1滴ずつ入れて飲むよう指示されました。分泌腺のトラブルがある場合には、可能性としては電気療法か、さもなければアトミダインというヨウ素の化合物を飲むことになります。アトミダインは甲状腺を整えてくれる。甲状腺が整うことによって、他の分泌腺のバランスが整う。これがエドガー・ケイシーの主張で、そのために分泌腺のトラブルにはしばしばアトミダインが勧められました。

この人の場合、アトミダインを服用しつつ、並行してウェットセルを使って金の波動を体に加えるように勧められました。そして、この種の病気でよく出てくるのが次のアドバイスです。

毎日この装置を使用している間（つまり体を横たえている間）に、申命記の30章とヨハネの福音書の14、15、16、17章を読むことだ。そしてそこに書かれていることが、あたかも自分自身に語りかけられているかのごとくに耳を傾けよ。その時間が助けとなり、この人は集中力を手に入れることができるはずである。そして、辛抱強く一貫して取り組めば、新しい人間関係を築く機会が与えられるだろう。目的に満ち、霊的な影響力を受けた神聖な導きのもとで、新しい人間関係が築けるはずだ。

精神疾患のケースでは、このようなアドバイスがとても多いです。心の状態を変えない限り、治療が効果を発揮しないからです。暇だから聖書を読ませているのではなく、これが治癒に必須だからです。心の状態が変わることが、この種の病気の治療では必須なんです。ウェットセルで波動を流している間、聖書や仏典や、それ他我々の心を養ってくれるようなもので意識を満たす。これがとても重要です。

そして、家の中に閉じこもらないで、できるだけ外に出て新鮮な空気を吸いましょうというアドバイスもよく出ます。軽く汗をかくくらいの運動をケイシーはよく勧め

ます。そしてそのあとは、

調和のとれた交友関係を保ちなさい。そうすれば大きな助けがもたらされる。聖書にある約束を教義として読むのではなく、真実、まことにそうだという意識で読むことだ。そうすれば、精神的にも肉体的にも霊的にも、実際にあなた自身によって生かされるべきものとなる。それはあなた自身への約束であることを覚えよ。決意して、それを実行せよ。

これがうつの人に対するケイシーのリーディングです。おもしろいですよね。いまだかつて、心療内科や精神科に行って、聖書を読みなさいとか、そういうアドバイスや助言は聞いたことがないと思います。しかしケイシーは、肉に絡まった心は、聖書などを読ませることで浄化する必要があると助言しているのです。

## ◇自分の心をコントロールするには

次の人は音楽の先生で、いろいろなことを試してきたけれども、どうしても自分の精神が安定しない。いろいろな人とトラブルを生ずる。実際この人は結婚して、離婚もしています。なかなか自分の心が思うようにコントロールできない。そういう悩みを持っていました。いつか自分は魂の世界で人々に役立ちたいというふうなこともいろいろ書いておられた。その人に対してリーディングは次のように答えました。

「この人は長い間ストレスにさらされてきた。いろいろな意味のストレス、肉体的、精神的に極めて大きなストレスを受けていた。しかし、この人が自分の状態を分析し、自分が周囲の人にとるべき態度をしっかりと認識したならば、この人は落胆するだろう」と。

どういうことかというと、ケイシーは暗に、「あなたのこれまでの人間関係は、あなたのほうに落ち度がある」と指摘したのです。人間関係において、もっと態度を変えなければならない、と。残念ながら、このリーディングを受けたご本人は、そのことに対してかなり不満だったらしく、後々の手紙でエドガー・ケイシーに文句を書いてきました。まあ、そういう態度だから、人間関係がうまくいかないというふうにも言えますが。

このような情報がこの人に示されたならば、この人はこう考えるだろう。私は肉体のことで相談しているのに、どうして霊的助言を与えるのだ、と。私は肉体のトラブルなんだ。それにもかかわらず、なぜあなたは私に霊的なアドバイスをするのか、と。そう言って当惑するかもしれない。しかし、誰があなたの病気を癒やすのか。人なのか、それとも神なのか。

「誰があなたの病気を癒やすのか。人なのか、それとも神なのか」という意識はとても重要です。

誰があなたの病気を癒やすのか。人なのか、それとも神なのか。あなたはどちらに仕えるのか。自分自身の欲望、自分自身の欲求に仕えるのか。それとも神に仕えるのか。

驚くべきアドバイスですよね。この人に、あなたはどうせこれを聞いたら、私は肉体のアドバイスを求めているのであって、霊的なアドバイスは求めていないと言うかもしれないとあらかじめ言っている。実際、彼女はそういう反応をするんです。後で、こんなリーディングにお金が払えるかとエドガー・ケイシーに手紙を書いたくらいです。そういう状態だからこうなっているとも言えます。まず言われたのは、誰があなたの病気を癒やすのか。人なのか、それとも神なのか。最終的に我々を癒やすのは、神の力であるという意識に入らなければ、あなたは治りませんと言われたのです。

例えば、我々の体内で免疫が働いている。これは誰が造ったのかというと、神がお造りになった。体内を血液が流れる。誰が血液を造ったのか。神がお造りになった。人間が造ったわけじゃない。神がそのように備えてくださった。我々の体を維持するためのさまざまな仕組みが我々の中にちゃんと備えられている。その仕組みは誰が備えたのか。人間ですか、それとも神ですか。そうであれば、神のなさりようを、あなたはもっと信頼しなければいけない。信頼する以上、あなたは誰に仕えるのか。自分自身の欲望に仕えるのか、それとも神に仕えるのか。これらの問いに答えるようにリーディングは求めているのです。

## ◇「アドバイスを受け入れられるか？」が鍵

私が精神疾患を治療するのはなかなか大変だと思うのは、こういうところです。こういうアドバイスがあったときに、受け入れられるかどうかです。もしもそれを受け入れることができたならば、我々は心がとてもうららかになります。少々具合が悪くても、基本的に気にしていない。気にしない。いずれ私の中に備わる神の力が私を癒やしてくださる。それを信じているわけですから、ただ今の状態について、そのことで心を煩わせることは非常に少ない。少々痛くても、いずれ治る。どうして治らないんだろうと落ち込まない。治らないのであれば、治らないだけの理由があって今は治らない。治るべき理由が生じたならば、私は治る。そう信頼しているので、体の状態が心を損なうことが非常に少なくなる。体の状態によって心が消耗することが非常に少なくなる。

神のなさりようを信頼したならば、今度はこのリーディングにあるように、自分の人生を神に向けて生きようとするかどうかです。今までどおり、自分の欲求を満足することに自分の人生を使うのか、それとも自分を存在せしめた神に向かうのか。この意識が身につくかどうかです。ケイシー療法でうつ病あるいは精神疾患に取り組むときには、ここがとても重要になります。私が厄介だと言うのはここです。この意識に入ってくれる人は劇的な成果を出しますが、この心境を拒む人の場合には治療効果がとても出づらい。まだ神経疾患のほうが、そういった意味では効果を出しやすい。精神疾患の場合には、この心境を受け入れられるかどうかがとても重要になってきます。

そして、ケイシーはさらに続けてこう言いました。

あなたはまず、次のことに取り組まなければならない。なぜなら、主イエスはこう言われた。自分が何を着ようか、何を食べようかと思い煩うな。なぜなら父なる神はあなたが必要としているものをご存じであるからだ。

どうです、この心境、味わい深いでしょう。自分が何を着るか、何を食べるか、思い煩うな。なぜなら神は、あなたが必要としているものをご存じであるからだ。今晩食べるものがあるだろうか。あした着るものがあるだろうか。そんなことで思い煩うな。あしたもお金があって、ちゃんと生活できるか。そんなことで思い煩うな。なぜなら父は、あなたが必要としているものをご存じであるからだ。愉快ですね。

あなたが他者との関係において、霊的生き方を適用するならば、必要なものは与えられる。

周りの人たちとの関係において、あなたが霊的生き方をするならば、神が必ず賄ってくださるということです。これを徹底的に確信する。

なぜなら神は、全ての人に衣を着せ給うのではないのか。銀と金も神のものではないのか。そうであるなら、そのように行動せよ。

神に対する揺るぎない信頼です。私がこれまで言ったとおり、生きるも死ぬも神の懐住まい。そういうふうな意識になれるかどうかです。私は練習して、その意識になることにしました。自分の人生を、神に向かって生きようとするならば、我々は必ず神の配慮を受けて、心配するものは何もない。こういう意識になるかどうかです。そうなれば、もううつ病はないでしょう。そう思いませんか。もうこの段階で「うつ」ではないです。生きるも死ぬも神の懐住まい。私は神のほうに向かって生きます。あらゆることを神がよきに計らってくださるから、私には心配事がありません。この心境になれば、うつ病はないです。

## ◇聖書の言葉を「自分ごと」として読む

そして、そのことをより確実に身につけるために、「まず、出エジプト記の19章5節を読みなさい」。これもありましたね。それを読んだならば、今度は「申命記30章の全体を読みなさい」。読むときには、そこに書いてあることが誰か他の人に向けて書いてあるというふうに思ってはいけない。必ず自分に向けて語られたことだと思って読む。

そこで与えられている助言は、自分に対するものであるということを覚えよ。そして、あなた自身が毎日、毎時選択をしていることを覚えよ。

申命記30章にありましたね。「あなたの前には善と悪、祝福と呪いが置かれている。選ぶのはあなたである」と。自分の人生には、自分に益するものと、自分の人生を枯らす選択肢と、２つがある。食べ物だってそうです。自分の体を損なうものと、自分の体に益するものと、２つの食べ物がある。自分の体を損なうものは、美味しそうに見える。でも、自分でちゃんと理解して、自分の体を益するほうを食べる。自分の体を健康にするほうを選ぶ。

こんなことは自分に役立たないと心の中で言ってはならない。なぜなら主は、何度も繰り返して次のように言われた。私を試してみよ。私があなたに祝福を注がないかどうか、試してみよ、と。

神は、私があなたに祝福を注がないかどうか、試してごらんなさいと言われた。私を試せ、と。あなたがそうすれば、私はあなたに報いると。そして、それを学んだならば、ヨハネの福音書の14、15、16、17章を読む。読むだけでなく、それらを自分の人生に適用する。

これらは単なる言葉ではなく、生きている真理である。主はあなたが命を得、それをもっと豊かに得られるようになるために来られたのである。主はあなたがそれを選び、それを生きさえすれば、あらゆるよきものをあなたに惜しまれることはない。他者にかけるあなたの言葉においてそれを生きよ。

そして最後の言葉、これもまた聖書からです。

たとえ天が落ちるとも、たとえ地が崩れ去ろうとも、主の約束は確実である。あなたが主の期待を裏切らない限り、主はあなたを見捨てることはない。今回はこれで終わる。

美しいリーディングでしょう。しかし彼女は、これに腹を立てたんです。私は肉体のアドバイスを求めているのに、なんでこんな霊的アドバイスを寄こすんだと。でも、うつ病の人には、こういう心構えがとても重要なんです。自分の人生を見直し、自分の人生を神に向け直すということがとても重要です。エドガー・ケイシーはクリスチャンですから、その方法として出エジプト記、申命記、それからヨハネの福音書を用いました。ケイシーの視点からすれば、うつの状態を正すのにはこれらの箇所が一番ふさわしいところだったのでしょう。

出エジプト記と申命記は旧約聖書、ヨハネの福音書は新約聖書です。新約だけという聖書も多いですから、旧約もそろっている聖書を購入して、ぜひ読んでみてください。

ＡＬＳを克服したアトキンソンさんは、ここを読んで、それによって人生が一変しました。それまでのお金一辺倒だった人生観から、教会に入って、ボランティア活動をするようになった。その意識が、ほとんど動かなかった体を回復せしめたのです。神経が活動するようになった。これは必須のことです。

どれほど科学が発達しても、我々は髪の毛1本、自力でつくることはできません。誰かの細胞をもらってきて、それを培養することはできる。しかし、培養するもともとの細胞がなければ、つくることはできません。ゼロからつくることは無理なんです。化学的に合成してつくろうなんて無理なんです。では、誰がそれをお造りになったのか。驚くべき方でしょう。その驚くべき方を信頼をする。自分の中に備わっている自分を治そうとする力、神が与えられたこの仕組みに対する揺るぎない信頼を持つ。あとは、神に向かって生き直す。この意識が精神疾患を治す上で、とても重要なんです。

## ◇ケイシーのリーディングがうつ病患者に与えた驚くべき助言

最後は24歳の女性です。依頼者はこれまでさまざまな病院に行ったが、それでも治らなかったので、最後の望みをかけてエドガー・ケイシーのところに来たということです。

エドガー・ケイシーはリーディングの冒頭で、「なんとまあ、大きな家だ」と驚きの声を発しています。それに続けて、

我々はここに〇〇さんを捉えた。この人の肉体と精神の正常な働きを妨げている状態を捉えた。さて、我々の見るところ、原因の一部は出生前のものである。ま

た一部は、肉体的な抑圧から生じている。これらの抑圧の一部は、肉体と感情の間の周期的活動における出生前からのものである。また、肉体の成長の第3周期に起きた。

リーディングの言葉はちょっと難解ですが、出生前というのは、妊娠中か、もしくは過去生から引き継いできたことを意味します。それと同時に、肉体的抑圧もあった。これは成長の第3周期の時期に起きた。ケイシーは、肉体は7年周期で入れかわると考えるので、第3周期というのは14歳から21歳までの7年間を指します。その間に起きたということです。

そのために感情と肉体との反応に不協調がある。これらは感覚神経に対する肉体反応の仕方に示されているように、感覚神経の反応が極めてはっきりとした反応をつくり出している。

この人は、感覚系に異常な反応があった。

この人の出生時からの活動に対してよりよい反応、つまりある部位を別の部位によりよく協調させるような治療を根気よく一貫して行うならば、これらの状態を肉体的に助けることができるだろう。それには、それぞれの人の活動が調和しない限り、現在の環境にある人々によっては実行できないだろう。

現在の環境にある人々によっては、この治療法はできないとは何を意味しているかというと、おそらくは家族間の不和だろうと思われます。

「ただ単に化合物を注射して反応を起こさせるだけでは、この人は再生することはできない」。ただ単に薬剤を注射しても、この人は治らない。「ゆっくりと時間をかけて神経系と肉体反応を協調させ、創造的な生き方をさせる」。そういうことをしない限りこれは治らないと述べています。

そして、これがコンパニオン療法ですが、

そのために、この人を快適な環境の中で、同情心に富む看護人の監督のもとに置く。自由を与えるが、肉体に対して調整のとれていない活動がもっと少なくなるようにする。このような看護人に求められる条件は、まず第一に同情心に富む性質であるということ。ただ単に介護を仕事として求めるのではなく、人間の反応の心理的な側面、特に霊的な反応によく通じている人間であることだ。

お給料をもらったからコンパニオン療法をやりましょうというのではだめだということです。まず第一に同情心、この人をなんとか助けてあげたいという気持ちがなければいけない。そういう人をコンパニオンとして雇った上で、

1日おきに脳脊髄系に対してマッサージを行う。特に尾骨と腰椎、それから頸椎と胸椎に対して適切なアジャスメントを施すことが必要である。

これもよく出るパターンです。神経系の病気は、これまで見てきたように、尾骨、仙骨が原因であることが非常に多い。尾骨、仙骨がひずむと、当然ながらそのひずみをカバーしようとして、その反動で頸椎と胸椎もひずむ。そのため、尾骨、仙骨を治すということは、同時に、上のほうでひずんでいる頸椎と胸椎の調整もしなければならない。これをバランスよく施すようにと、リーディングは指示します。

そういう調整（アジャストメント）を行う。そして、1日おきに、ただし、オステオパシーを行わない日に、ウェットセルを行う。体の調整をしたならば、翌日はウェットセル、そしてまた調整、ウェットセル、これを交互に繰り返すようにリーディングは主張しています。ウェットセルでは金の波動が指示されました。

同時にこの人には暗示療法が示されています。

ウェットセルを実行したならば、毎回その後で体を休ませること。この装置は人を眠りに導き入れる傾向がある。そして眠っている間に、この体に協調的で有用な活動が生じるよう、祈りと瞑想的な心を持って積極的な暗示を与えること。

ここが重要です。祈るような気持ちでこの人に暗示を与えなさいということです。暗示療法をルーチン作業のように捉えてはいけない。そうではなくて、神の子のこの1人に対して、有益なものになるように建設的な暗示を与えなさいと言っているのです。これが暗示療法の重要なところです。ただ単にルーチンでボソボソと唱えるのではなくて、心を込めて祈りと瞑想をするような気持ちで、建設的な言葉を与える。しかもそれをやる時間帯は、ウェットセルを行った後、この人が眠っている間に行う。

食事についても、「新鮮な野菜のジュースを朝昼夜のどこかでとりなさい。そしてバランスのとれた食事にし、脂っこいものは避ける」ように助言されました。これらを実行すれば、大体6カ月から9カ月後にはほとんど正常になるとされました。

どうですか。これがうつ病に対するケイシー療法のアプローチの仕方です。病院の治療法とは相当に違いますね。でも、ここまでやってもらえば、治るような気がするでしょう。もちろん、人生観も変わります。

## ◇意識の持ち方によって内分泌腺の細胞タイプが変わる！

それから、内分泌腺が影響して我々の精神が乱れているとき、エドガー・ケイシーは、我々がどういう意識を持っているかによって、内分泌腺を構成する細胞のタイプが変わると主張します。

どういうことかというと、我々が非常に前向きで情熱的な気持ちを持っていると、副腎腺では、情熱をサポートするようなホルモンをつくる細胞がふえてくる。一方、それを怒りで表現しようとしていると、怒りのホルモンをつくる細胞が副腎腺の中で増殖するということです。なので、これまで怒りっぽかった人が心を入れかえても、すぐには反応しません。細胞が入れかわるまで辛抱強く持続しなければならない。見方を変えれば、我々の意識状態に応じて、分泌腺が出すホルモンが違ってくるということです。

例えば、怒りの代わりに情熱が出るように鍛錬してきた人は、ちょっとやそっとのことでは怒らなくなります。怒りのホルモンが出ないからです。むしろ、そういう刺激に対しても情熱のホルモンが出る。しかし、ホルモンの種類が切りかわるには、それなりの時間がかかります。副腎腺の分泌細胞が入れかわるわけですから、それなりに時間がかかる。エドガー・ケイシーの主張によれば、黙示録に書いてあるように、細胞が入れかわるには7年かかる。なので、3年半くらいはまだ古い細胞がかなり残っています。しかし3年半くらいたつと、徐々に新しいタイプのホルモンが優勢になってくる。なので、我慢のしどころは3年半です。3年半たつと、今度は新しい細胞が優勢になってくるので、自然にそういう意識になります。誰かに怒りを向けようという意識ではなく、情熱のほうが出やすくなる。

例えば胸腺は愛するというホルモンを出しますが、ネガティブには恨みとか、そういったホルモンが出てしまう。どちらを出すかは練習です。もしも恨みがましい人がいたならば、その人は胸腺が恨みのホルモンを出すように訓練してきたわけです。そういう人が一生懸命愛することを練習しても、しばらくは恨みのホルモンが出てしまう。でも、辛抱強く愛する練習をしていくと、徐々に愛するホルモンが出るようになる。そして３年半たつと、愛するホルモンが優勢になっているはずです。７年もすれば愛する人に変身します。

これがエドガー・ケイシーの主張で、その根拠は「ヨハネの黙示録」です。聖書の最後にある「ヨハネの黙示録」は、内分泌腺の働きを解剖学的・生理学的・心理学的に解明した書であるとケイシーは主張します。リーディングをもとに黙示録を解読すると、まことにそのことを納得します。そこに３年半という期間がよく出てきますが、これがホルモンが切りかわるサイクルです。７年たてば完全に入れかわります。

## ■自閉症

### ◇自閉症の原因

自閉症も、治療法としてはうつ病と似た部分が多いですが、自閉症の原因としてしばしば指摘されるのが「親のカルマ」です。本人のカルマもそこに絡みますが、それ以上に、その子どもを持った親のカルマが強く出ることが多いです。自閉症になっている子どもをどのように導いていくかというところに、その人の霊性の鍛錬のしどころがあるということになります。

その他の原因としては、精神体と肉体の成長の度合いが違いすぎる場合もあります。肉体はゆっくり成長して、精神のほうが早く成長すると、精神と肉体が一致しなくなって自閉症になる。自分の精神を肉体が表現してくれないので、心が自分の中に引きこもってしまう。精神だけが早く成長して、肉体、脳がそれに追いついてくれない。言ってみれば、霊魂の考えていることを脳がキャッチしてくれない。そのために、自分のことを外に表現できなくなって、自閉症になってしまう。このようなケースもリーディングに見つかります。

それ以外には、分泌腺のアンバランスと背骨のゆがみもよく指摘されます。妊娠中に母親がいいかげんな食事をしていたことが原因として指摘されるものもあります。バランスよく食べなかった。必要な成分が母体にできなかったために、脳の発育が不十分だと指摘された人もいます。

### ◇自閉症に対するケイシー療法

治療法としては、波動療法です。ウェットセルあるいはインピーダンス装置のどちらかが大半で勧められています。それから、オステオパシーを中心にした整体とオイルマッサージ。それから、特定の人が24時間ずっと付き添って面倒を見るコンパニオン療法。あとは食事療法。これらを実行することによって、自閉症にも喜ばしい成果が得られるとケイシーは主張します。

自閉症のリーディングを検討しましょう。
まずは7歳の女の子のケース。この人は全部で12回のリーディングを受けています。途中でライフリーディングも受けていますから、どのような過去生だったのか、そういう質問をしています。自閉症の人は、長期に取り組まなければならないので、リーディングの数も増えてきます。とりあえず、重要なところから見ていきましょう。

ケイシーの時代、自閉症というカテゴリーがなかったので、これは現代の研究者たちが、今の基準で言えば「自閉症」だと考えたケースです。

この人の状態はいくらか特殊である。すなわち、この人は肉体的にも精神的にも超過敏であり、神霊的な力が肉体的な機能よりもはるかに早く成長しつつある。

霊的な能力があまりに早く成長したために、このような自閉症的な状態になっていると診断し、さらに「肉体の正常な発達に伴う幾つかの活動が、その過敏さ故に除外されている」と指摘しました。あまりにもバランスが崩れてしまったので、本来正常に発達すべき肉体が損なわれてしまったと言ったわけです。

そして「この魂のもろもろの経験について十分理解することが望ましい」と付け加えました。これは何を意味しているかというと、この人の場合には過去生を調べたほうがよいということです。そうすれば、なぜこういう状態になったのか、その原因がもっと適切にわかるだろうと言ったのです。エドガー・ケイシーは、肉体のリーディングと過去生リーディングを同時にはできません。なので、別の機会に過去生を調べたほうがよいとケイシーは助言したわけです。

周りの人は、霊的な態度を保つようにせよ。無理強いするのではなくて、選択として。そして、この人の周囲の人々は、それぞれの人生経験において、精神的な活動が神との個人的な関係を自覚しているようなものとしなければいけない。

自閉症の子どものご両親は、彼ら自身が神と交流しているがごとき人生を送れと言われたのです。生活のさまざまな場面において、神がおられることを自覚するような生き方をせよと。例えば、食事のときに神に感謝するとか、いろいろな出来事があるたびに、そこに神という認識が現れるようにする。そういう生き方をせよと勧められたのです。

そして「副腎と松果体の反応は十分であるが、甲状腺からの反応が不足している」と指摘されました。そして、この人の状態は、ある意味で、不機嫌とか無愛想というよりも、失望によって感情が傷つけられたとでも表現できるような状態になっている。

言ってみれば、失望、落胆して感情が傷つけられたような状態になっている。別に誰かが傷つけたわけではないです。でも、ある種、失望して、感情を傷つけられた状態になっている。「なぜなら、この人の場合、普通の人よりももっと肉体と精神が協調して活動することを期待するからである」と。この人の場合は、精神が非常に発達しているために、本当はもっと肉体に精神の働きを表現してほしい。そうしてくれることを期待するけども、そうなってない。そして、両親に対しては、

この人の想像力を抑圧してはならない。むしろそれらの想像力を、この人が神とどのような関係にあるかを理解せしめるように導きなさい。

この女の子は多分、いろいろなことを想像して語るのでしょうね。そのときに、その空想をばかにしたり、抑圧してはいけない。むしろ、その想像力を神に向けて導きなさいと助言されたのです。肉体の機能については、

ある特定の部分に活動の不足が生じ、また別の腺が増大する傾向にある。いずれにしろ、この人の場合には、食事にしろ、肉体活動にしろ、適正なバランスがとても重要である。その適正なバランスをつくるために、次のようにせよ。まずは、規則正しい睡眠をとらせる。規則正しい時間にレクリエーションをする。規則正しい遊び方をする。ただし、ルーチンとしてやるのではなくて、この人の肉体と精神がもっと反応するように、協調するようにさせる。

この意識がとても重要です。ルーチンとして行うのではなく、この人の内面がもっと協調するよう導くために、創造的に取り組みなさいと。規則正しい睡眠、規則正しい活動、規則正しいレクリエーション――これが自閉症を治す上で第一歩であると。

そして、「週に1回程度、この人が眠るときにインピーダンス装置を使いなさい。できれば金曜日がいい」と、わざわざ曜日まで指定している。「なぜならば、この人にとって金曜日はラッキーデーのようなものだからである」と。我々も同じように金曜日がラッキーデーなのかどうかはわかりません。でも、何となく金曜日のほうが実行しやすい気がします。これまでの活動が終わって、土日の休みがある。だから金曜日はちょうどよい。我々も週一でインピーダンス装置を使うなら、金曜日がいいかも知れませんね。

そして、「同時に、強壮剤として肝臓エキスを飲ませなさい」。肝臓エキスとしては、タラ肝油を組み合わせたものでもよいとケイシーは言いました。ケイシーは肝油を高く評価しています。我々は肝油というと、乳幼児の食べるもののように考えますが、ケイシーはいろいろなケースでタラ肝油を使っています。

それから、「肉体の活動は、できるだけ屋外で行うこと」と助言されました。家の中に閉じこもるのではなくて、家の外で、新鮮な空気を吸えるような状態で行いなさいと。

食事に関しては、レタス、ニンジン、豆類、ジャガイモ、ハチミツを入れた温かいミルクもよい。それから潰した全粒小麦もよいとされました。

それから、「肉類は食べさせすぎてはいけない。この人が欲求するものをつくりなさい」と助言されました。この7歳の子どもが欲求するものを用意せよと。「場合によって、この人に自分の食事を自分で用意させてもよい」。何を食べるか自分で決めさせてもよいと言っています。

そして、また聖書が出てきます。ここでは詩篇の23、24編、ヨハネの14章から17章、ヨハネ第2の手紙、ローマ書12章、コリント13章を読むように指示されました。

これが理解できるようにさせなさい。これらがこの人の精神の一部になるようにさせなさい。そうすれば、この実体は、いずれ自分の周りに多くの人々を獲得し、彼らを目覚めさせ、何らかのために生きるようにさせるであろう。

彼女が将来、誰かの役に立つ人間になれるよう、今は聖書のこれらの箇所を読むように勧められました。

これらのことを実行すれば、自閉症を克服することができるとリーディングは主張しました。

この人は、ケイシーが亡くなる直前までリーディングの指導を受け、15歳になるまでに全部で12回のリーディングを受けました。これだけリーディングを得たということは、リーディングのアドバイスが有効だったという証拠ですね。

## ◇自閉症とカルマの周期

もう1つ、自閉症のケースを見ておきましょう。これは5歳の男子のケースです。この子どもは4件のリーディングを得ています。そのうちの最初のリーディングを見てみましょう。

我々の見るところ、これらの障害（すなわち自閉症）は、出生前あるいは妊娠期間中にこの体の構造部分が形成されるときに、化学的なアンバランスがあったことに原因があり、その結果である。

お母さんが妊娠中に、適切な食事をしなかったために、必要な化学成分を体内に取り込めなかったということです。「しかしながら、その結果は、ある程度成長するまで表面化しなかった」と。

脳脊髄神経と交感神経系との間の協調が必要となる時期までは、それらの障害の全容が反応に現れることはなかった。

本当は小さいころにすでにその障害があったわけですが、ある程度成長するまでは、その障害、自閉症に気づかなかったということです。

そして、ここが重要です。

分泌腺が2回目の活動周期を開始する直前に、我々が指示する治療をスタートさせるならば、ゆっくりとではあるが、少なくとも自分でケアする以上の能力と正常に近い反応が起きるようになるだろう。

2回目の活動周期の直前とは7歳のことです。ゼロ歳から7歳までが第1回目の周期で、2回目の活動周期は7歳から14歳です。この男の子は5歳ですから、7歳の直前から、ある治療を施せば、よい成果を次の周期に加えることができると主張しました。

ケイシーによれば、カルマは7の倍数の年に現れやすい。ですから、ゼロ歳、7歳、14歳、21歳、28歳、35歳に発病するということは、カルマを暗示することが多いのですが、同時に、カルマに起因する病気を治すには、このタイミングがとてもよいというのがケイシーの主張です。ですから、7歳の直前というのはカルマに起因する病気、あるいは分泌腺に起因する病気を治すには非常によいタイミングで、そのときに適切な方向を与えれば、その方向に従って治癒が進むようになる。これはきわめて重要な知見です。

そして、自閉症によく出てくる典型として、「自閉症の人を取り巻く人たちが建設的で、そして辛抱強く、愛に満ちた支援を与えるようにせよ」と。そういう人たちで取り巻かれる必要があるということです。これは１つには、取り巻く人たちがカルマ的に絡まっているので、その人たち自身の霊的成長のためにも、そういうことが必要だとエドガー・ケイシーはよく言います。

具体的な治療法としては、「ウェットセルを用いて金の波動を送ること」と指示されました。バッテリー溶液は30日ごとに交換し、金の溶液は15日ごとに交換する。装着する場所は、金の波動が通過するニッケルプレートは乳び管叢に、銅プレートは胸椎９番につける。銅プレートは、翌日は腕中枢につけ、その翌日は腰軸（腰椎４番）につける。腕中枢というのは、胸椎の１番、２番と、頸椎の７番あたりで、大抵は胸椎の１番、２番に装着します。つまり、胸椎の９番、胸椎の２番、腰椎の４番の３カ所に、順繰りに装着する。

装置を外したならば、ピーナッツオイルを使って全身を穏やかにマッサージする。

そのときには、上から、つまり頸椎の1番から始めて、背骨に沿って両側を9番まで円を描くようにマッサージする。このマッサージの仕方が特殊です。まず、頭のつけ根から胸椎の9番まで施す。そして次に、尾骨の末端から胸椎の9番に向けて施す。言ってみれば、胸椎9番に向かって施すわけです。なぜこういう特殊なマッサージが指示されるのか、今の我々にはわかりません。とにかく、自閉症の場合にはこのような特殊なマッサージだと了解して行う。研究が進めば、そのうち理由がわかるかもしれませんが、今はわからない。このパターンのマッサージはきわめて稀です。なぜこういうマッサージを勧めたのかわからない以上、とりあえず我々は素直にその指示に従う。

少なくとも30分以上かけてマッサージをします。30分のマッサージは、実際にやってみればわかりますが相当に大変です。そのうち疲れてきます。10分くらいだったらまだできますが、30分以上となると、これを毎晩行うのは大変です。

少なくとも30分、穏やかに愛情を込めて行う。しかも、これを厄介事のようにやってはいけない。むしろ、愛情を込めて行うのです。「この人が将来話せるようになるという希望を持って行う」。そういう希望を養う時間だと思ってマッサージをする。

ですから、ケイシーも「これには看護人の側に忍耐が要求される」と言っています。この人を世話する側に忍耐が必要である。看護する側、親が忍耐を込めてやりなさいということです。

食べ物に関しては、「バランスのよい食事を保つこと。特定のビタミンだけを過剰に与えてはならない」と指示されました。ですから、サプリメントとしてどれか特定のビタミンを過剰に与えるよりも、全粒パンを食べさせるとか、魚とかヨウ素を含むものを食べさせる。鳥とかニンジンもいいです。

それから、赤ビーツを食べる。赤ビーツは血液、特に赤血球を元気にする食べ物です。新鮮で若々しい赤ビーツを食べる。また、「この人が若々しいビーツをそのまま食べられるよう訓練することだ」と助言しています。そして、赤ビーツは切っている最中に汁が出ますし、調理しても赤い汁がどんどん出ますから、「パタパーペーパーを使って、食べるときには野菜の煮汁ごと一緒に食べること」と言われました。これはよく言われることでが、特に赤ビーツのように水溶性の栄養に富むものは、パタパーペーパーでくるんで、煮汁を外に出さないで、煮汁ごと食べるように指示されます。

もちろんこれらが食べてよい食べ物の全てではないが、これらの食材を頻繁に取り入れること。ただし、この人に嫌気(いやき)を起こさせない程度にいろいろなバリエーションを工夫せよ。でき合いの食べ物よりも、できるだけ新鮮な食材を使うこと。これをしっかり継続せよ。60日たったならば、さらなる指示を与えよう。

## ◇難病でも諦めることはない

ご両親が最も聞きたいことを質問しました。「この子の脳には根本的な欠陥がありますか」と。するとケイシーは次のように答えました。

(現時点では)幾らか病変がある。しかし、これらの治療を今のうちに行い、これらの成分を波動的に体に加え、そしてマッサージを一貫して行うならば、これらの状態は克服されるだろう。

おそらくＣＴなどを撮れば、脳の委縮や何らかの病変が見つかったかもしれません。現代医学は、一度破壊された脳組織は修復できないと考えますが、ケイシーは適切な治療を施せば、脳の病変といえども治癒可能であると主張します。驚くべきことです。ありがたいですね。認知症のケースでも、我々は認知症になってしまえば治しようがないと思いがちですが、エドガー・ケイシーは適切な治療を施せば治ると言います。実際、私は治った人々を目撃してきましたから。

「学校についてはどうしたらいいですか」と両親はさらに聞きました。ケイシーは「そのときになれば、今から1年後くらいであるが、かなりの違いがあらわれるだろう。そのときに学校に行かせるべきかどうか考えることだ」と答えました。

「今のうちにライフリーディングをとることは役に立ちますか」との質問に対しては、「今よりも12歳から14歳ごろにライフリーディングをとったほうがいい」と答えました。

ケイシーは、「これら全てを自宅で行う必要がある。ただし、四六時中、看護師のケアのもとで行うこと」と指示しました。つまり、コンパニオン療法を実行せよと言ったのです。

「この人は、いつか社会の中で普通の生活を送れるようになりますか」との質問には、「それはどれぐらい治療に反応するか、また、どれほど一貫してこれらの治療を行うかによる」と答えました。しかしケイシーは、きちんと実行すればちゃんと成果が出ると保証してくれた。ありがたいですね。

難しいのはウェットセルです。ウェットセルを適切に使えるかどうか。かなりの人がこれで挫折します。私もウェットセルはとても忍耐を要する装置であるのを知っていますから、諦めた人を責めることはないです。

# ■学習障害

## ◇学習障害の原因と治療法

学習障害については何件かのリーディングがあります。原因を調べてみると、ほとんどの場合指摘されるのがカルマです。しかも、自閉症と似ていますが、本人のカルマもさることながら、それ以上に家族のカルマが強調されます。学習障害の子どもを導かなければならない何か理由がある。

例えば、過去生で子どもをきちんと養育しなかったカルマかもしれない。育児や家庭での教育を放棄したような人の場合に、それが今回求められている。そういった形のカルマもあります。

他には背骨のゆがみ、食事の誤り、家庭での教育方法の誤りなども指摘されます。あまりにも厳格なスパルタ教育が原因で学習障害になったケースもあります。

治療法としては、オステオパシーなどによって背骨を矯正する。それから波動療法、ウェットセル、インピーダンス装置です。暗示療法、オイルマッサージ、祈りも、学習障害のケースでは強く出ます。それから聖書を読む。

学習障害については私にもある体験があります。

小学校に上がる直前の検診で、自分の子どもが学習障害の可能性があると診断されたお母さんがおられた。そのお母さんが、いろいろ探しているうちに、その方の知人の話からエドガー・ケイシー療法に可能性を見出されて、わざわざ代々木のケイシーセンターに訪ねてこられた。

そのときにご様子を聞いて、私は直ちに、背骨のひずみが大きく影響しているだろうと思い当たった。そこで知り合いのオステオパスをご紹介した。お母さんはすぐにお子さんをそこに連れていかれた。

後日、そのお母さんにケイシー療法を勧めたという、その友達から、その後の様子を伺いました。

それによると、1回目のオステオパシー治療で、お子さんの様子は激変した。その後、小学校で2回目の検診があって、学習障害ではないと診断されて非常に安心された。しかも、このお母さんご自身が、実は児童の学習障害の有無を判定する係だったのだそうです。そのため、学習障害と判定された子どもたちが、その後どのような経緯をたどるか、よく知っておられ、余計に心配されて、いろいろ手を尽くしておられたのだそうです。

でも、まさか背骨のひずみとは思わなかった。そして、背骨の矯正によって、1回で劇的な治療成果が出たのです。私は、1回でやめないで、あと10回くらいは受けたほうがよいですよと助言しましたが、その後、どうされたかはわかりません。でも、1回目で非常によい手応えがあったのは確かです。

幾つか実例を見てみたいと思います。

## ◇事例1：胎児期の位置と逆子が原因に？

まず11歳の男の子のケースです。

この人の学習障害をエドガー・ケイシーはどう見たのか。エドガー・ケイシーがいつものように「Yes, we have the body」と言うと、さらに続けてこう言いました。

この人の成長を阻害しているいろいろな障害がある。これらの抑圧要因は、インパルスの反射の仕方に問題があることだ。

そして「この状態は、胎児期の位置が原因で始まった。なぜなら、この人は逆子であったからだ」と原因を明らかにしました。

逆子というのは、後々に精神障害を引き起こすきわめて大きな要因です。エドガー・ケイシーは逆子で生まれたならば、直ちに脊柱にココアバターでオイルマッサージを施しなさい、と言うくらいです。この人は逆子であったために、尾骨と仙骨に圧迫を生じた。我々は逆子をあまり気にしませんが、エドガー・ケイシーは、後々脊柱にいろいろな圧迫が生じるので、逆子には注意を払います。そのため、我々も学習障害と聞いた場合は、正常分娩でしたかと聞くことが多いです。吸引とかしてないですか、逆子ではなかったですかと聞く。

この人の場合は、逆子であったために尾骨と仙骨に圧迫を生じた。そのために、最終的に松果体に異常が生じた。背骨のひずみが最終的に松果体に影響する。そうすると、精神的にトラブルを生ずる。

成長に関係する部分ではなくて、腰椎、胸椎９番、腕中枢及び上部の頸椎中枢につながっている外側の部分、特に左側の部分に関係している。

このために、この人の場合はウェットセルを使って波動を送るよう指示されました。ただし、使い方がちょっと特殊です。この人の場合には、銅とニッケルというパターンではなくて、両方ともニッケルを使って、そしてインピーダンス装置を使うときのように手首と足首に装着するという特殊な使い方です。理由はわかりません。とにかく、そういう方法で波動を体に送るよう指示したのです。

装置を使い終わったなら、マッサージを行う。このときのマッサージオイルはオリーブオイルとミルラチンキを等量まぜたものを使う。マッサージの仕方は、頸椎１番から胸椎９番に向けてマッサージをし、今度は尾骨から胸椎９番に向けてマッサージする。このパターンはとても少ないと説明しましたが、自閉症や学習障害の場合には、理由はわかりませんがこのパターンになる。胸椎9番に向けてマッサージをする。非常に特殊なマッサージですが、このパターンが使われます。マッサージの手技は、いつもやるように、背骨に沿って両側に円を描くようにマッサージする。

そして、マッサージをしている間に暗示を与える。暗示の仕方としては、例えばこの人の場合には、翌日の活動に対する計画を立てることでもよい。マッサージをしながら、あしたは、午前中はこうしましょう。午後はこうしましょうと、一貫した暗示を与える。そうすると、この人の精神は徐々に育っていく。学習障害が治ってくる。興味深い暗示の仕方です。マッサージをしながら、あしたの予定を語り聞かせるわけです。あしたの予定を脳にしみこませる。そういうやり方でこの人の学習障害を治すことを勧めた。あしたの予定ですよ。あしたはこうしましょう。午前中はこうして、お昼はこうして、午後はこうしましょう。そういう暗示を与えると、徐々にこの人の学習障害が改善する。

両親が、「この人は今、甲状腺の薬を飲んでいるのですが、続けるべきですか」と尋ねたところ、ケイシーは「これらの治療がなされたならば、飲まなくてよい」と答えました。そして、「よかったならば週に１回、２日続けて、アトミダインを内服してもよいだろう」。例えば、月曜と火曜とか、水曜と木曜とか、「同じ曜日にずっとやるという方法を約５週間続けて、休みなさい。そうすると、分泌腺が浄化される」と助言しました。これは少年だということを覚えておかなければいけないですね。まだ11歳の少年ですから、アトミダインの量も控え目に与えられています。

「食事に関して何かアドバイスはありますか」という質問に対しては、「甘い物と炭水化物は摂りすぎてはいけない」と答えました。

その他、「良好な排泄があるように心がけなさい」と助言し、場合によって、大腸をこねるようなマッサージをして大腸を刺激するよう指示しました。こうすることによって、この人の精神は徐々にうららかになっていく。

## ◇事例2：過去生と学習障害

次は9歳の男の子のケースです。

エドガー・ケイシーはまず、「この人の肉体障害は、この人の過去生を調べるライフリーディングをとると、もっと解釈が容易になるだろう」と告げました。なぜなら、カルマに原因があるからです。

この混乱の大部分はカルマから来ている。もろもろの不協調が認められるけれども、神経や脳の発達に問題があるわけではない。しかし、この人の体または実体の成長過程で反抗と抑圧の結果をますます生むところとなっている。

器質的なトラブルがあるわけではないが、カルマ的な要因があるために問題を生じている。この状態に対して、力によって対処することは可能であるけれども、そうすると、この人に責任を負うべき者たちは、みずからの成長の機会の多くを失うことになるだろう。

エドガー・ケイシーは少し回りくどい言い方をしていますが、子どもを施設に預けるとか、そういうことをすれば、両親は、自分たちが成長する機会を失うことになる、と警告したのです。エドガー・ケイシーの独特の言い回しは、なれないとわかりにくい面もありますが、なれてしまえばわかります。

この場合は、ご両親が養育を放棄して、どこかに預けるようなことをしてしまうと、両親自身が成長の機会を失ってしまうと言ったのです。

具体的な治療法は、次のように指示しました。「毎晩、インピーダンス装置を用いて、この人を眠りに導きなさい。そして、眠りに入るその時間に、両親がともに暗示を与えること」と。この場合、夫婦が別々で暗示を与えてはいけないと主張しました。「なぜならば、これはあなた方の責任であるからだ」と。この子どもが学習障害であるのは、ある意味、あなた方のカルマの責任だから、あなた方はそれを避けることはできない。他人に任せてもいけない。あなた方自身がその結果を担うべきである、と。インピーダンス装置を使って眠りに導いて、そして眠りに入ったところで暗示を与える。

そのために、次のような準備を整える必要がある。眠る時間帯が来たならば、まずこの人をお風呂に入れて、十分体を温めたならばマッサージをする。

どういうマッサージオイルを使うかというと、「ある日はココアバター、翌日は混合オイルを使う」。すなわち、オリーブオイルとピーナッツオイルにラノリンが入ったマッサージオイルのことです。エドガー・ケイシーのマッサージオイルの定番ですね。「森と光のマッサージオイル」のような定番のオイルを使ってマッサージをするよう指示しました。

「マッサージは、ある日に母親が施したならば、その次の日は父親が施すようにせよ」。父親と母親が交互にマッサージするように指示したわけです。ただし、どっちのオイルを使うかは、両親で確認しておく。そうすれば、「この時間はあなた方にとっても価値あるものとなる」。子どもにマッサージを施すことが、親にとっても重要だと言ったわけです。学習障害の子どもを持つということは、子どもだけの責任ではなくて、親のカルマが絡むことがとても多いので、両親が積極的に学習障害の克服に手を尽くす必要があるのです。それによって、両親も成長する。

その後でインピーダンス装置を使う。すなわち、お風呂に入って、体が温まったところでココアバターもしくは混合オイルでマッサージをする。マッサージが終わったならば、インピーダンス装置を使う。通常、ウェットセルは使った後にマッサージをするのですが、ここではインピーダンス装置を使う前にマッサージをしておく。

そして、この人が眠りに入ったならば、暗示を与える。暗示の与え方は、

あなたの抱える問題を神に託せ。そして、成長過程にあるこの人の体に内在する神性に暗示を通して訴えよ。

この子どもの内にある神性に訴えるように指示したのです。子どもの心の中にある神の部分に暗示を使って訴える。そしてそのときの心構えは、いつものとおりです。

出エジプト記の19章5節を読みなさい。それを単に読み物として読むのではなくて、親であるあなた方のことがそこに語られているということを理解せよ。

そして、次に出エジプト記の20章を読み、どういう掟が与えられているか読む。それを単なる言葉として読むのではなくて、自分の中に生かすべきものとして読む。その次に申命記30章を読む。精神疾患となると、出エジプト記の19章5節と申命記30章が頻繁に出てきます。

そうすることで、親であるあなた方にこの人が必要とする暗示を与える上で準備となる基盤、目的、理想が与えられる。

すなわち、出エジプト記の19章５節と申命記30章を読めば、どういう暗示を与えたらよいかが理解できるだろうということです。エドガー・ケイシー自身が、この人にこういう暗示を与えよとは言わないで、親のほうに、まずここを読め。そうしたならば、どういう暗示を与えなければならないか、自分で理解できるだろうと言ったわけです。

もしこれを怠れば、また、もしこれを誰か他人任せにするようなことがあれば、それは父親または母親、または両者の心と目的を永遠に蝕み続ける癌となるだろう。

肉体上のがんと言ったわけではなくて、ある種、精神的ながんです。それが親の目的を永遠に蝕み続ける。「そして、いつかカルマ的な反転を経験することになる」と警告しました。カルマのしっぺ返しを受ける。ここでしっかり頑張らないと、あなた方自身が、いずれカルマの負債をどこかで支払わされることになると警告したわけです。

「質問を受けつける」と言われて、多分父親が質問をしたのでしょう。この11歳の息子に対する教育は厳しすぎたのでしょうか、それとも不十分だったのでしょうかと尋ねた。

それに対して、エドガー・ケイシーは、今まで語ったことを十分勉強せよ、そうすればわかる、と答えました。そして「確かにそこには抑圧がある。この人の中で敵意と憎しみと反抗がある」。そういう抑圧がある種の形をとって「脳へのもろもろの反射を生じている」と指摘しました。脳自体に問題があるわけではないが、この人の中にそういう心の鬱憤（うっぷん）、反抗心がある。それが脳に反射している。それをこれからの治療と暗示療法によって解消せよ、と勧めたのです。

「一般に言って、人が覚えたことを忘れる理由は、その人の内部で反発があるからである」。すなわち、学習障害があるということは、学習しようとしていることに対して、心の深いところで反発、反抗がある。そのことを理解して、両親はこれから教育に向かうように諭されたのです。

なんと懇切丁寧なアドバイスでしょう。私はリーディングを読んで、こんなすばらしいアドバイスを出すのは、本当に高い次元の意識でなければ無理だろうなとつくづく思うのです。例えば、学習障害の子どもさんを心療内科に連れていって、このようなアドバイスをもらえるでしょうか。もちろん、インピーダンス装置など出ません。それ以外にも心の用い方とか、ここまできちんと教えてもらうことはないと思うのです。そういった意味でも、我々はとても貴重な情報に接しているんだろうなと思います。ありがたいことです。

## ■不安神経症

### ◇自律神経・中枢神経の不調和と自我の手放し

不安神経症について、リーディングはかなりの情報を与えています。

原因としては、自律神経と中枢神経の不協調が頻繁に指摘されています。それから、ある種の思い癖。いつまでも同じことをグルグルグルグル考えてしまう癖です。それから自分自身に対する執着。例えば、健康に対する執着、自分の容貌とか容姿に対する執着、地位や家柄に対する執着、学歴や才能に対する執着など、いろいろな執着があります。結局は、自分に対するこだわりが強すぎる。自分は人よりも優れていると思い込みたい利己心があると不安神経症になる。

不安神経症に対する治療法としては、当然のことながら、背骨の調整や毒素排泄法、運動療法もありますが、信仰が強調されることがとても多い。「自我」を主の内に捨て去って、神の栄光をたたえる。そういった意識になるようにアドバイスすることが多いです。

毒素排泄法としては、ハイドロセラピー、首出しサウナが多いです。大きなサウナルームで汗をかくのではなく、頭を出せる首出しサウナがなぜか不安神経症の場合にはよく出ます。それからオイルマッサージ。

数が多いので、典型的なリーディングを2つばかり見ていきましょう。

まず66歳の女性のケースです。この人の不安神経症に対して、リーディングは次のように述べました。

なるほど、確かに病理学的な障害も存在しているが、同時に心理的な性質のものが存在しており、それが必ずしもこの人の肉体的、精神的、霊的な活動にとって最善の状態にない。

リーディングはちょっと回りくどい言い方をしていますが、つまり、心の問題がこの人にとって問題になっていることを指摘しました。

もしこの人が肉体を満足させるために感情を発揮し、肉体活動を行い、それらの欲求を充足させるためだけに肉体の健康状態を保とうとしているならば、それはたとえ全世界を手に入れても、自分の魂を失ってしまったら、何の得があるというのか、ということに等しい。

これは聖書の中でイエスが使われた言葉です。「たとえ全世界を手に入れたとしても、自分の魂を失ってしまったら、いったい何の得があるのだ」とイエスは言われた。肉体の健康ばかりを考えていても、魂を損なったならば、その健康にいったいどんな意味があるというのか、と。そのために、健康のことを考えるのはもちろん大切だけども、

自分の栄誉や名誉のことばかりではなくて、神の栄光をたたえるために、よき水路となるためにはどうすべきかを考えることが大切である。

しびれますね。不安神経症の人に、自分のことばかり考えるな。神の栄光をたたえるにはどうしたらよいか、どうすれば自分を水路として用いてもらえるか、そういうことを考えるような生き方をしなさい、と助言したのです。

不安神経症の人は自分にばかり気を取られることが多い。自分のことばかり考えるから不安神経症になる。人のことを考えるようになれば、不安神経症はうんと減る。

エドガー・ケイシーは、ある不安神経症の人が、老後が不安で不安でしようがないと言うと、こう答えました。

今のうちに１人で寂しいと思っている人の話し相手になってあげることだ。自分では何もできないと思っている人のために、何か自分でやってあげなさい。そうすれば、あなたが年老いたときに、あなたを助けるたくさんの人が出るから心配する必要はない。

今のうちによい種を蒔いておきなさいと助言したわけです。将来孤独になるんじゃなかろうかと心配するよりも、今のうちに孤独な老人のところに行って、話し相手になってあげなさい。今のうちに、自分で自分のことができない人のために、身の回りのことをやってあげなさい。そうすれば、蒔いたものは刈り取るのが法則ですから、自分が老齢になったときには、たくさんの人がやってきて助けてくれる。私はいろいろな人のマッサージをしてきたので、私がじいさんになったときには、きっとマッサ

ージをしてくれる人がたくさん出てくるに違いないと思っています。（笑）

自分の栄光や名誉のためではなく、神の栄光をたたえるためにはどういう生き方をすればよいか考えよ、と。どうですか。自分のことばかり主張すると、結局は不安神経症になってしまう。年をとったらどうしたらいいんだ、と不安になってしまう。神の栄光をたたえるためのよき水路となるためにはどうすればよいかを考える方がはるかに大切です。そして、肉体については、

この人は、ほかの人々の病気のことを聞くと、あたかも自分自身がその症状を感じているかのような精神状態になるところがある。人の苦しい話を聞くのをやめよ。

病気自慢の人の話を聞きすぎると、あなたもそうなるよと。人の愚痴・不平・不満には耳を貸さないことです。

## ◇不安神経症には首出しサウナが効果的

そして、週に1回くらいは、首出しサウナに入る。首出しサウナはハイドロセラピーの一つです。エドガー・ケイシーは、頭部を熱くするのはよろしくないので、首から上は出すように指示します。

首出しサウナが終わったなら、その後でマッサージを受ける。首出しサウナはマッサージとペアでするのがベストです。アメリカのケイシー財団に行くと、この組み合わせの治療メニューがよく勧められます。首出しサウナ＆オイルマッサージです。不安神経症の人の場合、体内毒素を出すために、ひまし油パックとか腸内洗浄というよりも、なぜか首出しサウナが勧められることが多い。

あとは食事に気をつける。炭水化物は食べすぎてはいけない。生リンゴは食べてはいけない。オレンジジュースは、レモンかライムを入れて飲む。そうすることによって、おなかの中でガスが出る傾向が抑えられる。生のリンゴを食べないのはケイシー療法の定番ですね。生のリンゴを食べるのは「リンゴダイエット」のときだけですね。

肉類としては、魚と鳥と、あとはラムにする。そして生野菜をよく食べる。クレソンとすりおろしたニンジン、レタス、セロリをたっぷりのゼラチンで調理して食べると理想的です。

クレソン、レタス、セロリ、ニンジンは、がんの予防にもなりますが、不安神経症の治療や予防にもなる。とにかく血液がきれいになれば、我々は意識が健全になります。血液が淀んでいると、グルグルグルグル同じことを考えて、思い癖にはまってしまうんです。

以上がこの66歳の不安神経症の女性に与えられた指示です。特徴的なのは、首出しサウナが勧められている。私も理由はわかりませんが、不安神経症で首出しサウナの指示が出ている人はなぜか多いです。

## ◇将来への不安が心と身体を蝕む

次は79歳の引退したクリスチャンのケースです。

このくらいの年齢になると、不安を抱える人は本当に多いです。老齢になって、この先どうなるんだろうという不安を覚える人がとても多い。

リーディングはまず症状について語っています。「我々の見るところ、全体的な肉体状態は、多くの面で極めて良好である」と。79歳ではあるが、肉体はかなり良好であると言いました。

もちろん、体の状態については心配のある可能性はあるし、実際のところ時々不安を覚えているけれども、この人の場合は、まさに自分が不安に思う状態をもたらしている。

こんなになったらどうしようと思っていると、そうなってしまう。例えば、将来がんになったらどうしようと思っていると、本当にがんになってしまう。その不安の最大のものは「死」の恐怖です。聖書の詩篇作者がかつて書いたように、「自分の恐れていたことが、自分の身に降りかかってきた」ということになる。その意味で、不安を持つこと自体が、肉体状態にとってよろしくない。不安を持っていると、そのことが肉体に実際に現象としてあらわれて、余計不安になってしまう。不安の悪循環に入ってしまう。なので、どこかでそれを断ち切って、むしろ善循環の意識を持つ練習をしなければならない。それには、まずは自分の本体は永遠不滅の霊的存在であることを徹底的に納得することです。そして自分を存在せしめた神の恩み、主の配慮に自分の全人生を絶対的に預けて、生きるも死ぬも神の懐住まいと思い定め、もはや何事も心配しないと決意する。これが一番です。

この状態がそうであるが、ある一般的な原理をしっかり守り、毎日良好な排泄を保ち、十分な運動と、肉体、精神、霊のバランスを保つようにするならば、定められた寿命まで十分に生きることができる。

正しく生きれば１２０歳まで十分生きられるから、今、くよくよするなと言われたわけです。エドガー・ケイシーは、人がもしも適切に生きるならば、通常定められた寿命は１２０歳だと主張しています。我々がきちんと生きれば、１２０歳まで生きる。

この人の場合、排泄と同化吸収を良好な状態に保つために、首出しサウナとマッサージをするよう指示されました。そして、運動によって全身の循環をよくするようにしなさいと言われました。

ここでも首出しサウナとマッサージが指示されています。高齢になったら、首出しサウナに時々入ったほうがよいということでしょうね。全身で入るサウナルームではなく、あくまでも「首出しサウナ」です。高齢者が頭部を熱くするのは危険です。

いろんなことが不安なこの男性はさらにこう質問しました。「たばこやウィスキーのような個人的な嗜好品は寿命に影響しますか」と。それに対してケイシーは、過剰になればよろしくないが、適量であればそれほど悪くない、と。たばこもお酒も、ほどほどならばよい。「しかし人間は、適度というのを守ることが甚（はなは）だ難しい」と付け加えました。ほとんどの人が度を越してしまう。

そういう人は、みずからを豚にする。我々は何事であれ、耽（ふ）ける癖がある。豚になっている。そうすると、後々に出遭わなければいけない症状をつくることになる。なぜならば、人はまいたものを刈り取らなければいけないからだ。これは不変の法則である。覚えておきなさい。この法則は、ほかの人々の間においてどのように生き、何をなすかによって、恵みと慈悲の法則にも変えられるということを。

自分の周囲の人たちに対して、喜ばしい種を蒔いておけば、それは後々自分に返ってくると言われた。先ほども、将来のことが不安な人の場合には、今からできることをしておく。孤独なお年寄りの話し相手になる。その人の身の回りの世話をする。そういうことが後々、自分の身に返ってきますよ、と。

この人はある種の薬を医者に勧められていたのですが、「これはやめたほうがよいですか」と質問したところ、ケイシーは「時々服用するのはいいのでは」と答えました。しかし、もっと重要なのは、「自然のほうがはるかに優れた薬効成分である」ということです。食べ物から必要な成分を摂るように勧めました。そして、「全体的な治療がなされ、それと併用してマッサージが行われたならば、この人は徐々に薬が要らなくなるはずだ」。ここでもマッサージの重要性が強調されていますね。

この人はリウマチを患っていたので、「リウマチはどうしたらよいですか」と尋ねた。ケイシーはもろもろの治療法を述べた後で、「今のままいけば、今回の人生で98歳までは生きられるだろう」と言いました。１２０歳は無理にしても、98歳まで生きられるだろう、と。ただし、「もっともそれだけ長生きする価値があればであるが」と付け加えました。長生きして周りの人に迷惑をかけるくらいなら、寿命を早く切り上げたほうがよい。

あなたはほかの人に何を与えられるだろうか。何か与えられるものが必要である。与えるべき何物かを持たないのであれば、どんな権利があってほかの人の人生を邪魔するのだ。与えるべき何物かを持つことだ。あなたにそれだけの価値がある限りは生きられるだろう。

これが不安神経症のこの人に対して与えられたアドバイスです。我々が不安神経症になるのは、自分のことを気にしすぎているからです。そうではなくて、周りの人にどうやって自分の人生を役立てるかを考える。そして、その先には、神の栄光をたたえるために、自分はいかに生きればよいかを考える。そうすれば、不安から脱出することができる。

素敵なアドバイスでしょう。聞いているだけで、我々も不安がなくなってくるじゃないですか。生きるも死ぬも神の懐住まい。いつ死ぬのかは、神がお決めになること。そうであれば、神に召されるまでの間、この世で充実して生きると決めてしまえば、不安の起こりようがないですね。

## ■質疑応答

**質問者A**　トラウマとかフラッシュバックとかＰＴＳＤと言われるものについて、ケイシーは何か言っていますか。

**光田**　パニック障害のことは言っています。他には「砲弾ショック」についてのリーディングが幾つかあります。砲弾ショックとは、戦争中、大砲の音にいつもさらされていた人が、普通の生活に戻った後もちょっとした物音に大きな恐怖を感じるようになる状態です。そういう人に対して、ケイシーは幾つかリーディングを残しています。

その場合、信仰によって治そうとすることが多いです。過去のことにとらわれないで、今に生きるための練習をするわけです。我々の意識も、練習によって徐々に上書きされてきます。ちょうど我々の分泌腺が３年半かければホルモンの内容を変えていくのと同じです。発想の仕方を変えていくことができる。ただし、それには時間がかかります。それを安全に上手にやるためには、主に頼る。我々を助けようとする神の力に頼ることによって、安全に行うことができるというのがケイシーの主張です。

ちなみに、砲弾ショックのリーディングは全部で39件ありますね。

他には、暗示療法ですね。

アトミダインの服用というのもあります。

ショックによって、体の中のどこかにひずみとかしこりが残っているようであれば、それをリリースするようなマッサージとか整体も同時にやりながら、心の思い癖を信仰によって解消していく。あとは、血液を浄化させるためのもろもろの食事療法、毒素排泄法も有効です。

**質問者B** アスペルガーは、自閉症と同じような対処法でよろしいでしょうか。

**光田** そうだと思います。毒素排泄と脊柱の矯正、そして暗示療法。それから、周囲の人が抑えつけない。想像力を引き伸ばしてあげる。抑圧しないようにする。そして、方向としては、神の栄光をたたえるほうに持っていければなおよいです。

最後に、精神疾患の予防法として、幼少期から魂や神という考え方に触れさせておくことは有益ですね。日常生活の中で、親子が人間の霊的本性について語れるような雰囲気ができればよいですね。普段の会話の中で、魂のことや人と神の関係、自分と神との関係など話していれば、この世界に対する信頼が自然に形成されます。我が家の娘とは、小さいころから夢解釈や生まれ変わりの話をよくしましたから、自然にそういう物の考え方をするようになりました。おかげで、精神はとても安定しています。

## あとがき

エドガー・ケイシーに関するご質問は、左記の日本エドガー・ケイシーセンターにお問い合わせください。エドガー・ケイシー療法の講習会やエドガー・ケイシー療法にもとづく健康相談も行っております。

NPO法人日本エドガー・ケイシーセンター
郵便番号　151－0053
東京都渋谷区代々木5－25－20　ナカノギャラリー3F
TEL：03－3465－3285　FAX：03－3465－3263
Web：http://edgarcayce.jp/
E-Mail：info@edgarcayce.jp
窓口時間：10時～18時

定休日：土曜・日曜・祝日

エドガー・ケイシー療法で使用する材料や器具・装置については、左記のテンプルビューティフルにお問い合わせください。

有限会社　テンプルビューティフル
郵便番号　２２４－００３２
神奈川県横浜市都筑区茅ヶ崎中央40－３　グランクレール センター南１－Ｆ
ＴＥＬ：０４５－９４９－５５３９　ＦＡＸ：０４５－９４９－２２４７
Web：http://www.caycegoods.com/
E-Mail：shopping@caycegoods.com
営業時間：10時～19時
定休日：日曜・木曜・祝日

また、「ひまし油湿布セット」やマッサージオイルなど一部商品につきましては、ヒカルランドパークでも取り扱っております。詳しくはホームページまたはお電話でお問い合わせください。

ＴＥＬ：０３−５２２５−２６７１（平日10〜17時）

Web：http://hikarulandpark.jp/

光田 秀　みつだ しげる
1958年広島県生まれ。

NPO 法人「日本エドガー・ケイシーセンター」会長。

京都大学工学部卒業。

20歳のころ、エドガー・ケイシーの『転生の秘密』（たま出版）と出会い、霊的人生観に目覚める。同大学院修了後、政府研究機関での勤務を経て、エドガー・ケイシーを主とした霊的哲理の研究・翻訳・執筆に専念するように。現在も引き続き、ケイシーを世に広める活動に尽力している。

主な著書に『ホリスティック医学の生みの親　エドガー・ケイシー療法のすべて』シリーズ、『エドガー・ケイシーの超リーディング』（共著・白鳥哲）（ともにヒカルランド）、また訳書に『永遠のエドガー・ケイシー』『神の探求』『エドガー・ケイシーのキリストの秘密』（いずれも、たま出版）などがある。

▼NPO 法人
日本エドガー・ケイシーセンター

https://edgarcayce.jp

▼ブログ
「エドガー・ケイシー探究記」

https://mitsuda3.hatenablog.com

成人病からアンチエイジングまで完全網羅！
ホリスティック医学の生みの親
エドガー・ケイシー療法のすべて④

第一刷　2020年7月31日
第五刷　2024年7月17日

著者　光田　秀

発行人　石井健資
発行所　株式会社ヒカルランド
〒162-0821　東京都新宿区津久戸町3-11　TH1ビル6F
電話　03-6265-0852　ファックス　03-6265-0853
http://www.hikaruland.co.jp　info@hikaruland.co.jp
振替　00180-8-496587

本文・カバー・製本　中央精版印刷株式会社
DTP　株式会社キャップス
編集担当　小澤祥子


ISBN978-4-86471-612-3

すべてはここに始まりここに帰る
エドガー・ケイシーの超リーディング
著者：白鳥 哲／光田 秀
四六ハード　本体 1,815円+税

ヒカルランド　好評既刊！

地上の星☆ヒカルランド　銀河より届く愛と叡智の宅配便

日本初！ケイシー流「育児指南書」ここにあり
ホリスティック医学
胎内記憶
光田秀
池川明
エドガー・ケイシーの
未来育児
ついにキタ！ 驚異の★びっくりトークがこのたび実現！
知られざる《ケイシー療法・育児編》に
ブッとびDr.ナンバーワン!? 池川節が超★さく裂!!
これを読まずして育児は語れない……かもしれない？
ありそうでなかった、宇宙規模の最強タッグに乞うご期待!!
ヒカルランド

ホリスティック医学×胎内記憶
エドガー・ケイシーの未来育児
著者：光田 秀／池川 明
四六ソフト　本体 2,000円+税

**本といっしょに楽しむ イッテル♥ Goods&Life ヒカルランド**

## 〈DVD〉
## ホリスティック医学の生みの親
## 《エドガー・ケイシー療法のすべて》

料金（すべて税込）
プレ・レクチャー
5,093円
講座（第１～９回）
15,278円（１回あたり）
全10回講座 DVD 一括
122,222円

**【連続講座 DVD】**
**ホリスティック医学の生みの親**
**《エドガー・ケイシー療法のすべて》**
**講師：光田秀（NPO 法人日本エドガー・ケイシーセンター会長）**

2017年にヒカルランドパーク５周年記念イベントとして開催された特別連続講義、待望の DVD 化!!　日本におけるエドガー・ケイシー研究の第一人者、光田 秀氏による網羅的・実践的な講座内容をノーカットで収録いたしました。
お得な10巻セットも用意しております。

**【プログラム】**
- プレ・レクチャー
- 第１回：エドガー・ケイシー療法と皮膚疾患（湿疹、アトピー、乾癬など）
- 第２回：エドガー・ケイシー療法とがん（予防法および臓器別治療法）
- 第３回：エドガー・ケイシー療法と成人病（高血圧、糖尿病、関節炎など）
- 第４回：エドガー・ケイシー療法と免疫疾患（リウマチ、膠原病など）
- 第５回：エドガー・ケイシー療法と神経疾患Ⅰ（認知症、てんかん、統合失調症など）
- 第６回：エドガー・ケイシー療法と神経疾患Ⅱ（ALS、パーキンソン、筋ジス、多発性硬化症など）
- 第７回：エドガー・ケイシー療法と精神疾患（うつ病、自閉症、学習障害、不安症など）
- 第８回：エドガー・ケイシー療法と婦人科疾患（月経困難症、子宮筋腫、膣炎など）
- 第９回：エドガー・ケイシー療法と美容法（育毛、美肌、ホクロ・イボ、フケ、爪、痩身など）

**【お問い合わせ先】** ヒカルランドパーク

＊ご案内の価格、その他情報は発行日時点のものとなります。

最強のケイシーグッズ！

## ひまし油湿布セットA&B

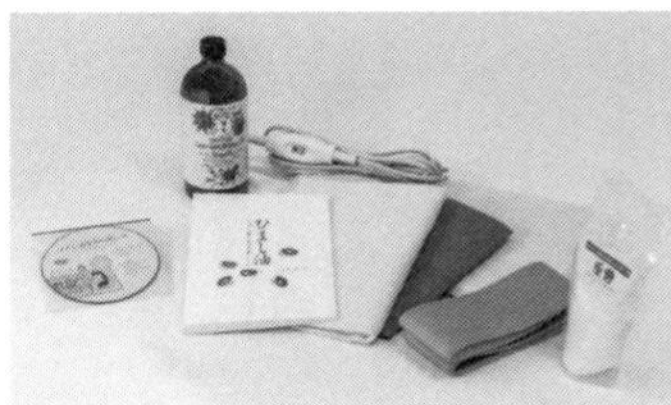

**セットA**　19,500円～(税込)

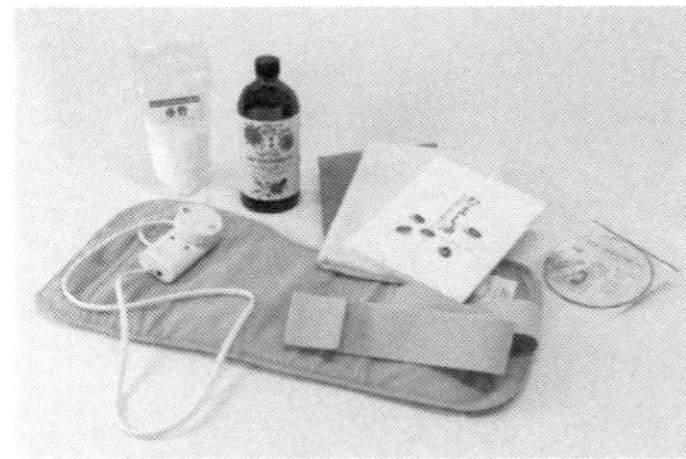

**セットB**　46,980円～(税込)

**セット内容**

**◆A、B共通のもの**

ひまし油（500mℓ）／コットンフランネル１枚／オイルカバー（エンバランス加工）１枚／重曹／ひまし油小冊子／使い方 DVD

**◆温熱ヒーター**

＊ＡとＢは温熱ヒーターの機能が異なります。

セットＡ：アンポヒーター（お財布にやさしいシンプルタイプ）

セットＢ：パーマクリスト（２段階のタイマーと温度調整機能や電磁波軽減の直流電流設計）

### ◆多くのリーディングですすめられたひまし油湿布

エドガー・ケイシーが残したリーディング14,306件のうち、病気の治療や美容健康の増進に関する「フィジカルリーディング」と呼ばれるものは9,605件にのぼります。そのうち545件ですすめられた、最もポピュラーな治療法が「ひまし油湿布」です。
それは、ひまし油を浸して温めた布をお腹（肝臓の周囲）に巻いて、１時間程度休む、というシンプルなもの。温めて使うことで効果が高まり、癒しの作用も働きます。

### ◆ケイシーがすすめた３つの排泄促進法

ケイシー療法で使われる排泄促進法は３つあります。肝臓が疲れたときの「ひまし油湿布」、大腸の掃除「洗腸（コロニクス）」、消化を整える「リンゴダイエット」。体をしっかりデトックスしたいときは、この３つを行うと効果的です。これからケイシー療法にチャレンジするという場合は、この中で一番試しやすい「ひまし油湿布」からスタートするのがおすすめです。

【お問い合わせ先】ヒカルランドパーク

＊ご案内の価格、その他情報は発行日時点のものとなります。

## エドガー・ケイシーの基本原理  原則

# CARE

ホリスティック医学の生みの親とも言えるエドガー・ケイシー療法の基本原理は4つあります。英語の頭文字をとって「CARE」と呼ばれています。

### Circulation（循環）

血液、リンパ液からなる体液と神経の流れを良くすること。

**◆主な実践法**

ひまし油湿布、整骨療法（オステオパシー）マッサージ、運動

### Assimilation（同化）

食物を消化吸収する能力のこと。

**◆主な実践法**

食事療法（体内を弱アルカリ性に保ち、毒素を生じさせない食事をする）

### Relaxation/rest（休息）

必要な休息と充分な睡眠をとること。

**◆主な実践法**

ひまし油湿布、インピーダンス装置を使った治療、適度な運動

### Elimination（排泄）

デトックス、体内を浄化すること。

**◆主な実践法**

ひまし油湿布、腸内洗浄、リンゴダイエット

**「人生の中でひまし油に出会えたひとは、それだけで幸運な人である」**

＊「ケイシーヒーリングの秘密」「癒しのオイルテラピー」より

## 本といっしょに楽しむ イッテル♥ Goods&Life ヒカルランド

**大地と光のマッサージオイル** （無香料220㎖） 2,860円（税込）

エドガー・ケイシーがすすめた基本のマッサージオイルは、オリーブ油とピーナツ油をブレンドしたものです。ケイシーは、「この組み合わせのオイルを使ったマッサージは“皮膚への食事”のようなものである」とも述べています。また、このオイルでマッサージされた方からは、「シンクロニシティが起こりやすくなった」「鮮やかな夢を見た」という声も！　入浴前または入浴後に行うのが効果的。●成分：ピーナツ油、オリーブ果実油、液状ラノリン、トコフェロール

**ひまし油** （500㎖）

■ 220㎖ 3,300円（税込） ■ 500㎖ 5,720円（税込）

世界的に貴重なオーガニックのコールドプレス（冷圧搾）のひまし油。一般的な精製過程を経ることなく製造された、オイル本来のエネルギーが活きている質の高いオイルです。ひまし油湿布はもちろん、肌の保湿やオリーブオイルなどとブレンドしてマッサージオイルとして使用することも可能です。ひまし油湿布の場合は、湿布用フランネル１枚に200〜250㎖のひまし油を浸して使います(約２か月間使用可能)。

●成分：ひまし油

### ひまし油湿布長期使用の必需品！

**コットンフランネル**

５枚セット　4,600円（税込）

ひまし油湿布の必須アイテム、フランネル。漂白剤や合成ノリなどの化学物質を一切使わず、手間ひまかけて織り上げられた逸品です。ご家族用に複数枚あると便利です。サイズは約36×90㎝。

**オイルカバー**

10枚セット　5,200円（税込）

ひまし油湿布をする場合、このオイルカバーの上にフランネルを置いて、ひまし油を注ぎます。鮮度保持機能をもつエンバランス加工を施してあります。サイズは約33×45㎝。

【お問い合わせ先】ヒカルランドパーク

＊ご案内の価格、その他情報は発行日時点のものとなります。

## 自然の中にいるような心地よさと開放感が
## あなたにキセキを起こします

元氣屋イッテルの１階は、自然の生命活性エネルギーと肉体との交流を目的に創られた、奇跡の杉の空間です。私たちの生活の周りには多くの木材が使われていますが、そのどれもが高温乾燥・薬剤塗布により微生物がいなくなった、本来もっているはずの薬効を封じられているものばかりです。元氣屋イッテルの床、壁などの内装に使用しているのは、すべて45℃のほどよい環境でやさしくじっくり乾燥させた日本の杉材。しかもこの乾燥室さえも木材で作られた特別なものです。水分だけがなくなった杉材の中では、微生物や酵素が生きています。さらに、室内の冷暖房には従来のエアコンとはまったく異なるコンセプトで作られた特製の光冷暖房機を採用しています。この光冷暖は部屋全体に施された漆喰との共鳴反応によって、自然そのもののような心地よさを再現。森林浴をしているような開放感に包まれます。

### みらくるな変化を起こす施術やイベントが
### 自由なあなたへと解放します

ヒカルランドで出版された著者の先生方やご縁のあった先生方のセッションが受けられる、お話が聞けるイベントを不定期開催しています。カラダとココロ、そして魂と向き合い、解放される、かけがえのない時間です。詳細はホームページ、またはメールマガジン、SNS などでお知らせします。

元氣屋イッテル（神楽坂ヒカルランド　みらくる：癒しと健康）
〒162-0805　東京都新宿区矢来町111番地
地下鉄東西線神楽坂駅２番出口より徒歩２分
TEL：03-5579-8948　メール：info@hikarulandmarket.com
不定休（営業日はホームページをご確認ください）
営業時間11：00〜18：00（イベント開催時など、営業時間が変更になる場合があります。）
※ Healing メニューは予約制。事前のお申込みが必要となります。
ホームページ：https://kagurazakamiracle.com/

みらくる出帆社
ヒカルランドの

イッテル本屋

## ヒカルランドの本がズラリと勢揃い！

みらくる出帆社ヒカルランドの本屋、その名も【イッテル本屋】手に取ってみてみたかった、あの本、この本。ヒカルランド以外の本はありませんが、ヒカルランドの本ならほぼ揃っています。本を読んで、ゆっくりお過ごしいただけるように、椅子のご用意もございます。ぜひ、ヒカルランドの本をじっくりとお楽しみください。

ネットやハピハピ Hi-Ringo で気になったあの商品…お手に取って、そのエネルギーや感覚を味わってみてください。気になった本は、野草茶を飲みながらゆっくり読んでみてくださいね。

〒162-0821　東京都新宿区津久戸町 3-11 飯田橋 TH1 ビル 7F　イッテル本屋

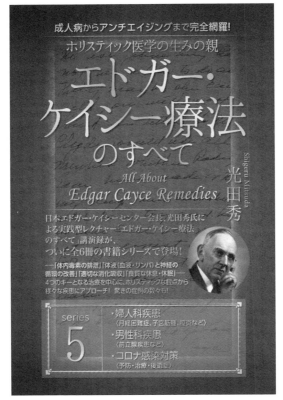